U0348918

Richard Templar
泰普勒法则丛书

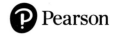

财富

管好你的钱

原书第5版
Fifth Edition

［英］理查德·泰普勒　著

陶尚芸　译

The
Rules of
Wealth

机械工业出版社
CHINA MACHINE PRESS

Authorized translation from the English language edition, entitled The Rules of Wealth（Fifth Edition）, ISBN 978–1292441115 by Richard Templar, Copyright Pearson Education Limited 2023 (print and electronic).

This Licensed Edition The Rules of Wealth（Fifth Edition）, is published by arrangement with Pearson Education Limited.

北京市版权局著作权合同登记号　图字：01-2023-3547

图书在版编目（CIP）数据

财富：管好你的钱：原书第5版 /（英）理查德·泰普勒（Richard Templar）著；陶尚芸译 . — 北京：机械工业出版社，2024.3（2024.5重印）

书名原文：The Rules of Wealth，Fifth Edition

ISBN 978-7-111-75223-3

Ⅰ.①财…　Ⅱ.①理…②陶…　Ⅲ.①投资 – 通俗读物　Ⅳ.①F830.59–49

中国国家版本馆CIP数据核字（2024）第046286号

机械工业出版社（北京市百万庄大街22号　邮政编码100037）
策划编辑：坚喜斌　　　　　　责任编辑：坚喜斌　陈　洁
责任校对：曹若菲　梁　静　　责任印制：李　昂
北京联兴盛业印刷股份有限公司印刷
2024年5月第1版第2次印刷
145mm×210mm·9.375印张·1插页·199千字
标准书号：ISBN 978-7-111-75223-3
定价：59.00元

电话服务　　　　　　　　　　网络服务
客服电话：010-88361066　　　机 工 官 网：www.cmpbook.com
　　　　　010-88379833　　　机 工 官 博：weibo.com/cmp1952
　　　　　010-68326294　　　金 书 网：www.golden-book.com
封底无防伪标均为盗版　　机工教育服务网：www.cmpedu.com

鸣 谢

　　我要感谢克莱登合伙人—独立财务顾问公司的董事丹·克莱登（Dan Clayden）。他非常友好，在我创作本书的早期阶段帮我审阅了一遍，并纠正了一些问题。他是我所见过的优秀的专业财务顾问之一。

　　我也想把这本书献给我可爱的岳父，他以一种慷慨、诚实和高尚的方式管理他的财富，还能让他的财富为他工作，高效而专业！他是我们的榜样，是一位出类拔萃的财富法则玩家。

序　言

　　有句老话说："钱，钱，钱！他们满脑子想的都是钱。"当然，这不大可能是真的，因为不是所有人都整天琢磨着钱的事（除非是一些钱币收藏家）。我们之所以追求财富、渴望发财并极力守住钱财，是因为我们能用钱做些事情。

　　当然，金钱买不到爱情和幸福，但是，金钱可以买到很多快乐，也可以消除很多不快乐。而且，你可以用钱买其他很多东西。多年来，我总结了人们最愿意花钱的 10 件事。

1. 安全感。有自己的房子，有足够的银行存款来满足你的生活需求，再加上手头的一些应急资金，以及一笔足够的退休金以确保舒适的退休生活。

2. 舒适感。一个温暖宽敞的房子，一辆舒适的汽车，可以请人打扫卫生、修剪草坪、洗衣服或照顾孩子，以及随时随地得到高质量的医疗服务。

3. 享受生活。异国情调的假期，美酒，顶级餐厅的美食，昂贵的衣服，体育赛事或歌剧的最佳座位，或者任何你喜欢的东西。

4. 旅行便利。头等舱的火车座位和飞机票，游轮之旅，有司机驾驶汽车，世界各地任你选。

5. 地位和威望。享有盛誉的邀请，接触重要人物和加入专属俱乐部，甚至可能从其他人那里得到令人满意的尊重。

6. 影响力。作为一个慷慨的捐赠者，能够确保有人听取并认真对待你的意见和愿望。

7. 自由。不依赖雇主、老板、债权人、客户、顾客。不做日历或时钟的奴隶。知道自己不会成为孩子们的负担。

8. 安逸。只要你想，你就有空做自己想做的事，去自己想去的地方，见自己想见的人。

9. 受欢迎。能够经常慷慨地招待朋友、熟人和联系人，这对你的社交生活大有裨益。

10. 慈善事业。能够定期进行大量捐赠，这让你在帮助别人、支持组织和推动你坚信的事业时感到满足。

在我看来这是一份非常合理的财富清单。无论你想要的是其中的一部分还是全部，你都需要知道如何创造更多的财富——这意味着你需要知道是什么把富人和不那么富的人区分开来。所以，你需要知道富人有哪些原则和行为是你还不知道的。也许你会意识到，其中一些原则和行为你知道但未实践过。这些其实都不是什么高深的奇事，而是关于理解和行动的常事。我研究过很多富人，我很清楚，这些人都遵循一些基本的共同法则。本书中的大部分法则都属于这一类。当然也有一些法则是一部分（而不是全部）富人所遵循的，我也列出来了，希望能帮你达成心愿。

安全感、舒适感、享受生活、旅行便利、地位和威望、影响力、自由、安逸、受欢迎、慈善事业，这就是一些人考虑的十件事。也许它们不可能包揽一切，甚至不能保证你过上幸福的生活，但它们是创造幸福生活的良好基础。

我试图在本书中列出帮助你实现这十件事的重要的法则。这些法则都是为了帮你积累财富，当然在某种意义上是这样的，但在本质上，追求金钱只是达成目标的方式，也就是说，它是实现这十大目标的一种手段。

当然，我并不是说本书中的 100 多条法则是达到这些特定目标的唯一手段。一路走来，你可能会遇到对你有帮助的其他法则。如果你发现了新的法则，请随时分享。你可以在我的 Facebook 主页上发布你自己悟出的法则。

理查德·泰普勒

玩转财富法则

读一部囊括了 100 多条致富法则的佳作，也许听起来有点令人生畏。我的意思是，你该从哪里开始呢？你可能会发现自己已经遵循了其中的一些法则，但是，你怎么能期望一下子学会几十条新法则，并开始将它们全部付诸实践呢？别慌，记住，你不需要做任何事情——你这么做是因为你想这么做。让我们把事情保持在一个可控的水平，这样你就可以继续这么做了。

你可以用任何你喜欢的方式来做这件事，但如果你需要建议，下面是我的建议：通读这本书，挑出 3~4 条你觉得会对你产生重大影响的法则，或者你第一次阅读本书时突然想到的法则，或者对你来说是个绝美起点的法则。把这些法则写在下面的空白处：

_____

_____

_____

_____

_____

坚持几个星期，直到这些法则在你心中变得根深蒂固，你就不必那么努力了。它们已经成为你的一种习惯。干得漂亮，太棒了。现在你可以用你接下来想要解决的更多法则来重复这个练习。把这些法则写在下面的空白处：

_____

_____

_____

_____

太好了，现在你真的进步了。按照你自己的节奏来学习这些法则——不用着急。不久你就会发现自己真的掌握了所有对你有帮助的法则，而且越来越多的法则会变得根深蒂固。恭喜你，你是一个真正的财富法则玩家。

目　录

第二章　变富进行时

第五章　分享你的财富

第六章　附加法则：对待他人的财富

第七章　其他不可错过的人生智慧

第一章

财富哲学

　　财富只是一个概念，看不到也摸不着（除非你手里拿着一根金条）。你只能触摸一些财富的实物符号，比如银行票据或支票。就是那些小纸片，没错，但小小的纸片有着巨大的能量。

　　对大多数人来说，财富的概念都是沉重的包袱。关于有钱是好是坏、想钱是好是坏、爱钱是好是坏、花钱是好是坏的问题，我们都有一种固有的理念。

　　在本章的前几条法则中，我想说的是，也许，只是也许，我们对财富的看法可能会阻碍我们发财致富的进程。如果我们在心里（甚至是潜意识地）认为钱财不是什么好东西，拥有很多钱财是一件非常糟糕的事情，那么，我们可能会在不知不觉中削弱自己获得钱财的努力。

　　我还希望你想一想，你准备投入多少努力去赚钱。这有点像一项体育运动，你练习得越多，你就变得越自如。同样，你在懒惰的时候不可能赚到钱。你得在挣钱的事情上下点儿功夫。

　　你还必须非常清楚地知道自己想要什么，为什么想要钱，如何赚钱，在有钱之后将如何用它，等等。没有人说这是件容易的事。

法则
001

人人皆可富——你只需全力以赴

财富的可爱之处在于它真的不会歧视任何人。它不关心你是什么肤色或种族，你处于什么阶级或阶层，你的父母是做什么的，甚至不在乎你眼中真实的自己是什么样子的。每一天都是全新的开始，不管你昨天做了什么，今天都是新的开始，你拥有和其他人一样的权利和机会去获取财富，想要多少就拿多少。唯一能阻碍你的是你自己和你的财富观念（参见法则 007）。

世界上的财富，每个人拿多少就有多少。这难道不是最合理的吗？财富不可能知道是谁在操纵它，此人有什么资格、野心或属于什么阶层。财富没有耳朵，没有眼睛，没有感官。财富没有活动能力，没有生命，没有感情。财富并不知道现实发生了什么。财富是用来使用和消费的，是用来储蓄和投资的，是用来争夺的。它引诱人们为获得它而努力工作。没有歧视机制，所以它无法判断你是否"值得"拥有它。

我观察过的很多非常富有的人，除了他们都是财富法则玩家，再没有任何共同点。富人是一个多元化的群体，你根本想不到哪些人腰缠万贯。富人中有文雅的也有粗野的，有精明的也有愚蠢的，有应该发财的也有不应该发财的。但每个富人都敢说："是的，我想要发财。"而穷人则说："不，谢谢你，不要给我钱，我不配。我不能发财，我不要发财，我不该发财。"

这就是本书的意义所在——挑战你对金钱和富人的看法。我们都认为，穷人之所以贫穷是因为他们所处的环境、他们的背景和他们受到的教养。但如果你有钱购买这本书，并在这个世界上过着相对安全、舒适的生活，那么，你也有能力成为富人。这可能很苦，也可能很难，但却是可行的。这就是本书的第一条法则：人人皆可富——你只需全力以赴。本书其他的法则都是这一法则的延伸与应用。

你拥有和其他人一样的权利和机会去获取财富，想要多少就拿多少。

法则
002

如何定义财富由你做主

对你来说，财富是什么？如果你想变得富有，你必须坐下来提前解决这个问题。据我观察，富人总是能解决这个问题。他们清楚地知道财富对他们意味着什么。

我有一个富有且极其慷慨的朋友，他说他很久以前开始做生意时就知道，如果他不用积累的钱（我们称之为资本）生活，他就会认为自己赚得够多了。他也不会靠资本的利息生活。不，当他靠资本的利息生活时，他会认为自己很富有。这话听起来没毛病。

现在，这个朋友知道他对利息的兴趣让他赚了多少钱，差不多是按小时计算的。因此，如果我们晚上都出去吃饭，他知道：①这顿饭花了多少钱；②他吃这顿饭赚了多少钱。他说，只要赚的钱大于花的钱，他就高兴。

你可能会认为，如此定义的财富门槛太高了。也许你不想把财富的门槛设得这么高。这当然没问题。不过话说回来，也许你想给财富确定个数字。过去，每个人都想成为百万富翁。这很容易判断你是否达到了那个富裕程度。如今，有很多人拥有价值超过这个数字的房子，但他们根本不认为自己富有，也没有花时间去提升标准来让自己成为亿万富翁。

相比之下，我的定义是钱够了就行，只要我不用担心是否拥有足够的财富就好。多少钱才算是足够？我也不知道。我似乎总是有更多的担心和更少的进账。但说真的，自从我开始以"千元"为单位计算而不是以"元"为单位计算以来，我觉得自己一直很"富裕"。我精确地知道我有多少钱，我需要多少钱，我能花多少钱。

对一些人来说，不担心钱可能意味着有足够的钱来支付家庭开支或应对家中可能出现的任何紧急情况。那么，你将如何定义财富呢？你有多少辆车？你有多少个仆人？你有多少银行存款？你的房子值多少钱？你的投资清单有多长？当然，没有正确或错误的答案，但我确实觉得，在你解决这个问题之前，你不应该继续往下读。如果你没有目标，就无法瞄准目标。如果你没有设定目的地，就不能离开家，否则就会在原地打转好几个小时。如果不明确财富的定义，你将如何监测进步或判断成功呢？如果不明确财富的定义，你将如何知道这本书对你有帮助呢？

如果不明确财富的定义，你将如何监测进步或判断成功呢？如果不明确财富的定义，你将如何知道这本书对你有帮助呢？

法则
003

|

树立你的致富目标

如果你明确了你对财富的定义，那么，你现在就会有一个目标。设定目标就是制定一个实现目标的时间表。这很简单。如果你知道你要开车去一个地方，你就应该知道：

- 你什么时候离开家。
- 你预计什么时候到达目的地。
- 你要走哪条路线。
- 当你到达那里时，你将做什么。

致富也是一样的道理。你会想要提前知道富裕对你意味着什么，你打算如何致富，你预计要花多长时间实现财富梦，以及当你有钱的时候你能做什么或想做什么。

在界定了财富对你的意义之后，你现在可以看到设定目标的重要性了吗？想想你打算如何致富，要花多长时间实现财富梦，然后设定你的财富目标。这可能很简单："我要在 40 岁生日时成为百万富翁，我要经营自己的房地产开发公司去赚钱。"

这很简单。对我来说是这样，因为我只是在给你举例子。我敢打赌，这对你来说将是相当困难的事情。这是因为你以前没有想过这个问题。我敢说，你可能偶尔做过这样的梦："我想要非常非常有钱（或有名，或成功）。"但据我观察，很少有人（只有富人、名人和成功人士）真正决定做什么、何时做、怎么做。如果你也想变得富有，就必须明确上述问题的答案。我猜你已经做到了，否则你不会读到这里。恭喜你。

现在设定你的目标。不要着急，我可以等，你慢慢想。

你设定目标了吗？进展如何？你的财富目标必须是现实的、诚实的、可以实现的。说到"现实"，我的意思是，你想成为世界上最富有的人的目标也许会实现，但希望很渺茫，因为这不现实。

"诚实"意味着你必须忠于自己，设定一个你可以通过生活和工作而实现的目标。对自己撒谎意味着失败，对别人撒谎也意味着失败。

"可以实现"又是什么意思呢？是的，也是类似的意思。如果你对房地产一无所知，没有兴趣学习，没有资金，也无法获得抵押贷款，那么，你想成为房地产开发商的目标是不现实的、不诚实的，也是无法实现的。

你对自己现在拥有的一切感到满意吗？嗯，如果不满意，那就再试一次，赶快行动起来吧！我们想帮你振作起来且干劲十足。

————

你会想要提前知道富裕对你意味着什么，
你打算如何致富，你预计要花多长时间实现财富梦。

法则
004

记得保守秘密

现在你已经开始了一段新的旅程，找到了一个新的方向，这可能需要你保守秘密。也许有一天你需要和理财导师讨论你正在做的事情（参见法则 072），但目前不要公开你正在做的事情。有以下几个原因：

- 别人的观点往往是消极的，这会让你失去信心。
- 如果每个人都这么做，留给你的空间可能就少了。
- 没有必要把你所有最好的想法都透露出去。
- 让别人讨论你的事情对你来说从来都不是什么好事。
- 你不想让人觉得你在说教或试图让别人接受你的思维方式。
- 没有人真的想知道你在做什么。如果他们问你过得怎么样，简单地回答"很好"，而不是对你在做的事情进行冗长的解释。
- 有秘密真好，它给你一种温暖、自鸣得意、容光焕发的感觉。

如果你到处宣传你在做什么，你周围的人会嫉妒你，并且会想尽一切办法打击你的信心。毕竟，从某种意义上说，你是在向他们告别。你在宣告，过去的你和过去的生活方式已经不够好了，你要去开拓一片新天地。他们当然会对此不高兴。所以，你要保守秘密。这不需要你付出任何代价，也不需要你做任何事情。

让这成为我们之间的小秘密吧！继续学习和实践这些法则，但不要逢人就说，即使你觉得他们也可能会从本书中受益良多。当然，务必留一本供他们以后阅读。

有趣的是，即使你把计划告诉了所有人，他们也不太可能对此采取任何行动。大多数人宁愿看电视也不愿把自己从贫困的深渊中拽出来。当我说保守秘密的时候，我只是想到了你。任何有信仰的人都要学会守口如瓶。我们真的很讨厌有人对我们讲道和说教，并怂恿我们去反思自己的生活方式，或者提出我们做得还不够好。发财致富是你应该私下做的事情之一。并不是说发财致富有什么不对，只是你最好独自完成。

————————

现在你已经开始了一段新的旅程，
找到了一个新的方向，这可能需要你保守秘密。

法则
005

大多数人都懒得致富

你必须早起，努力工作一整天，睡觉时也不忘你的目标。是的，钱有时真的就像是大风刮来的，至少看起来是这样。确实有人中了彩票或大奖，也确实有人会突然从失散多年的亲戚那里得到遗产。是的，确实有人在不经意间发现自己所寻求的名和利。但这种好事不会砸中你，确切地说，不会砸中你的可能性很大。如果你的目标是"中彩票，永远过着奢侈的生活"，那就别往下读了。放下这本书，去买彩票吧。如果你的目标更现实一点，那就继续往下读。

大多数人都懒得致富。他们可能会说自己想成为富人，但没成功。他们买彩票可能是一种想要变富的姿态，但他们三心二意，并不准备用心去做。他们不想做出牺牲，也不想学习、研究、拼命工作、付出努力，让发财致富成为他们在人生中坚定不移且全力以赴的明确目标。

他们中的许多人（不是你）如此摆烂，是因为他们认为满脑子想着钱等于沾染了邪念（参见法则007）。但是，为了赚钱而努力工作是可以的吧？这是值得追求的目标吧？我想这取决于你为什么要努力去追求，以及你打算怎么做。

大多数人不想下这种功夫，但他们想要这笔钱，他们希望这笔钱是靠运气、机遇和冒险得来的。这种心态也正常。有这种想法的人无须付出辛苦、汗水、激情和专注了。

我认为，如果你瞧一瞧任何一个富裕到可以成为榜样的人，比如比尔·盖茨、理查德·布兰森、沃伦·巴菲特、詹姆斯·戴森、埃隆·马斯克、彼得·凯尔纳⊖，你会注意到他们有一点是相同的——他们都拼命工作。他们可能从电脑、销售、商业、电影产业、真空吸尘器、流行音乐、广播电台、汽车等不同的行业赚钱，但他们都有一个共同的特点，那就是他们一天能做的事情比我们大多数人一个月能做的还要多。

这就是财富的美妙之处，它就躺在那里等着你去认领（记住法则001）。而那些追求财富的人是那些早起的、努力工作的、投入时间的人。

你也必须这么做。我的团队里没有游手好闲者、心不在焉者或白吃白喝者，我拒绝只会把自己当花瓶的队员。我要的是勤奋、奉献、专注、有抱负、有动力的赚钱者。当然，他们要带着乐趣去工作。

大多数人都懒得致富。

他们可能会说自己想成为富人，但没成功。

⊖ 我和自己打了个赌，你们肯定没听说过这个人——捷克共和国的第一位亿万富翁。

法则
006

面对现实，认清自己的处境

很多人都忽略了显而易见的事实，尤其是穷人。不，我没有戴有色眼镜看人，我只是说这是他们贫穷的部分原因。[⊖]有些人总是抱怨自己拥有的不够，他们找很多借口；也许他们会工作，但不够努力或方式不对，他们希望他们的问题会凭空消失。

你猜怎么样，那些问题不会消失，还有可能变得更糟。如果你在经济上苦苦挣扎，想知道如何为那些对你重要的事情赚更多的钱（多得多的钱或多一点点钱），你需要采取积极的行动。因为我向你保证，除非你中彩票，否则什么都不会改变。[⊜]

坐下来，建设性地思考一下你能做些什么来增加你的财富。然后放手去做。没有别的办法能把你从财务困境中解救出来。现实一点吧！想一想你要去哪里，你要花多少钱，你要存多少钱，

⊖ 我在这里说的不是那些挨饿的贫民，我说的是那些比自己的朋友和邻居穷的人。

⊜ 你可以从每周存钱买彩票开始。你一生中花了多少钱买彩票？继续研究吧。你中大奖了吗？你的账户余额是不会增加的！你就是在白白浪费钱。相信我，你基本不会中头奖。

你能做些什么来让自己走上一条新的致富路。

这条法则也适用于存钱。如果你想在五年内得到2万英镑，每月存5英镑是没有用的。按那个速度，你能省下1000英镑就算很幸运了。如果你想存一笔钱，就需要计算出每周或每月到底需要存多少钱。如果这些都行不通，就不要逃避现实。想办法存更多的钱，或者延长存钱的周期。

如果你知道自己有挥霍的恶习，那就勇敢地面对现实。如果你总是一个月花100英镑买啤酒、小玩意、鞋子或其他东西，那么，当你制订财务计划时，假装你不会花这些钱是没有用的。如果你知道自己很难存下任何东西，那么，假装你每个月都能突然存下100英镑是没有意义的。

我知道，人们总想避免直视问题和不尽如人意的地方，但如果你这样做，你永远不会变得富有。如果你真的想赚钱的话，首先要找到勇气来面对你生活中的财务问题，并为此做点什么。

除非你中彩票，否则什么都不会改变。

法则
007

了解你的财富观念及其渊源

我们都听过有关财富的各种说法。我们的财富观大多来自我们的父母及他们养育我们的方式。我仍然能听到我妈妈说"省一分钱就是捡一分钱",直到今天我仍然不知道这句话是什么意思。也许我很幸运。我的财富观就是源自一大堆诸如此类的无稽之谈。但大多数人都有以下根深蒂固的信念:

- 金钱是万恶之源。[⊖]
- 金钱是肮脏的。
- 我不配成为富人。
- 只有贪婪和不诚实的人,才能赚到钱。
- 金钱使人堕落。
- 不要吹嘘自己多有钱,永远不要说你赚了多少钱、值多少钱或买了多少东西(除非是便宜货)。

⊖ 确切地说,是"爱钱是万恶之源",你信奉这个观念吗?

- 你不可能既有钱又"精神纯洁"。[⊖]
- 如果你变得富有，你会失去你的朋友。
- 你必须努力工作才能致富（参见法则 005）。
- 幸福和金钱是冤家。
- 你拥有的越多，你想要的就越多。
- 贫穷在某种程度上比富有更好。
- 我恐怕没有富贵命，如果有的话，我现在早就是富豪了。
- 我这种人是不适合发财的。

快速浏览一下，看看你相信哪些信念，看看哪些能引起你的共鸣。现在你必须做一些传统的艰苦工作。写下那些对你有意义的事情。添加一些我遗漏的事项（我会有一些遗漏的）。现在想想为什么你会有这些信念。这些是你积极思考过、推理过、研究过的吗？这些是家族遗传下来的、历史遗留下来的，还是你一路走来的感悟呢？

摆脱任何你可以质疑和接受的信念都是无稽之谈。你要抛弃的是那些根本不真实的东西。你要扔掉的是所有挡在你面前的、阻碍你前进的、阻止你赚钱的东西。

最后你剩下什么东西了？什么都没剩，什么都没有，摆在你面前的只有一张白纸。现在你可以在纸上写下你的新观念，比如：

- 财富是好东西。
- 想要钱财是可以的。

⊖ 咱就别纠结这是什么意思了。

- 我要变得富有。
- 我已准备好投入这项工作。

富人没有穷人那种令人头疼的财富观。他们要么清除那些荒谬的想法，要么直接拒绝那些无稽之谈。如果我们也清除掉旧观念，那么，我们就有更大的致富机会。

摆脱任何你可以质疑和接受的信念都是无稽之谈。

法则
008

钱是你劳动的报酬，不是谁施舍的酬谢金[⊖]

　　如果你努力工作赚钱，就更有可能变得富有。你必须接受金钱是给你的聪明思考和努力工作的报酬。你工作越努力、头脑越聪明，你挣的就越多。给你钱的不是委员会，他们只负责审查你是否配得上这笔钱，以及你是否做得足够好。挣钱是一种直接的结果。

　　我们经常对一个富人是否值得拥有财富做出各种各样的价值判断，我们都这样做。我读过卡尔文·艾雅（Calvin Ayre）的故事，他是靠博彩起家成为亿万富翁的。他在美国一度拥有大约1600万个客户。美国司法部对此很不高兴，想要关闭艾雅的线上博彩生意，但艾雅不是美国公民，也不在美国居住。你想变得富有，这意味着你要明白财富从何而来。

　　我们再回头说说艾雅吧。他利用所谓的美国法律漏洞发家致富，根据美国法律，他所做的事情被指控是非法的，但他在美国

　　⊖　我用的"酬谢金"这个词是指奖赏或意外收获，而不是劳动报酬或薪酬。

并没有犯下任何罪行。我们要审判他吗？我不知道。我研究这些信息，看看是否能加以利用。问题可能出在博彩上。但我知道他辛勤工作的结果是赚了很多钱。

有一个电视节目讲的是一个小伙子为富豪名流之类的人清洗汽车并提供抛光服务。他洗车收费 5000 英镑。注意，这包括了抛光的费用。那么，他得到的钱是劳动报酬还是酬谢金？我觉得，他不会把这当成酬谢金。这是他定的价格，顾客付钱给他，因为他是世界上最好的汽车清洁工。他的经营理念、技术和努力的结果是获得了丰厚的报酬。

给你钱的不是委员会，
他们只负责审查你是否配得上这笔钱。

法则
009

你要确定你用钱做什么

这是你定义和设定一个客观过程的一部分。答案没有对错之分。例如，在我看来，赚了一大笔钱却把它全部花在可卡因上是一件愚蠢的事情，但这是你个人的问题。你可能会对我花自己的钱买瓶像样的葡萄酒有意见。我们都把钱花在了我们认为会让自己满意和快乐的东西上。我们都可以选择自己的快乐，但我们不应该对别人指手画脚。

你为什么想要变得富有呢？你给出的答案会告诉你很多关于你隐藏的财富观，以及你对金钱的真实看法。

有时候原因很简单：我们有一个梦想，需要钱来实现，而梦想是第一位的。英国著名自然学家杰拉尔德·达雷尔（Gerald Durrell）从小就想要一个动物园。他写了几十本畅销书，为他在泽西岛上建一个属于自己的动物园筹集资金。那么，你的梦想是什么呢？

然而，事情可能没那么简单。前几天，我问一位熟人想变富有的原因，她的回答很能说明问题。她说她想"过得更好"，这样她就能给孩子们更多。如果给他们更多，他们就会在家里待得更久。如果他们在家里待得更久，她就不必独自面对即将到来的老年生活。所以，基本上，她想要富有来避免孤独。

另一个熟人说，他想变得富有，这样他就可以去冒险。再追问下去，他的冒险似乎是"离家出走"那种，这样他可以重新回到年轻、自由、单身的状态。

金钱真的能解决这些人的问题吗？金钱可以为你做什么呢？

你在知道自己想要更多的财富做什么时，也要考虑满足你需求的其他方式：我之前说过，有些人想要变得富有，这样他们就可以为任何亲密的家人支付医疗费用。他们也可以给家人投保，比如购买小额医疗保险。

你还得想一想那些无须更多金钱的地方。我喜欢玩具，比如汽车和船，但我发现我在这些东西上的投资并没有随着我收入的增加而增加。我仍然喜欢便宜的旧跑车和需要大量维护的旧船。你需要的真的有你认为的那么多吗？如果是这样，也没关系，你只需要确定并清楚这一点。

那你的借口是什么？你要金钱干什么？也许你是为了让自己从工作中解脱出来，也许你甚至不是为了自己，而是为了支持你所信仰的事业。朋友，安排好你自己的秘密计划吧，记得不要告诉别人。但我建议你把自己的目标写下来，因为这样会更真实。

有一天你回顾往昔，看看你的梦想和成就是否匹配，这是一种很有用的练习。

我们都把钱花在了我们认为会让
自己满意和快乐的东西上。

法则
010

明白钱能生钱的道理

没有比这更棒的真理了——钱能生钱。钱也喜欢"聚会",钱能像兔子一样安静而迅速地繁殖。钱更喜欢"成群结队",富人越来越富,穷人越来越穷,这就是生活。是的,这很可悲。但这似乎就是事实。现在,我们可以自己努力去做些什么,也可以坐在那里抱怨,让自己成为问题的一部分。一如既往,选择权完全在你手中。

如果你真的想做点什么,那么,对我来说,赚一大笔钱并明智地花钱来帮助不幸的人,似乎是有意义的事;或者,你可以做你想做的任何事。

一旦你有了钱,你就会惊讶于你的财富的增长速度如此之快。我建议你尽快理解和学习"利滚利"的概念。不,我不会告诉你们任何关于利滚利的事情,除非你们知道利滚利的重要性,并把利滚利作为你们积累财富的基石。我不打算告诉你们任何关于利滚利的事情的原因:首先,因为这不是那种类型的书;其次,因为我不会包揽你们所有的工作，否则你什么也学不到。根据我的观察，有钱人明白利滚利的概念，而其他人却不太懂。

如果你把所有的钱都花光了，那么，这条法则对你就永远不起作用，永远不会让你的钱为你服务。你必须留出一笔钱用于"繁育"。如果你经营一个养兔场，杀死并吃掉所有的兔子，你就无法继续经营下去了。避开养兔场不谈，现在你要开一个金钱农场。你的钱会"繁育"，你可以再投资一些，再花一些，但你不能花光所有的钱，否则你就不会有更多的钱了。听着，这些是最基本的道理，但令人惊讶的是有很多人根本不懂。好在你现在知道了。下面是我能给你的最好的建议：

- 留出一些钱用于"繁育"。
- 在支出方面稍微节俭一点。
- 将大部分资金进行再投资，让库存处于良性健康状态。
- 不要告诉别人。

钱更喜欢"成群结队"。

富人越来越富，穷人越来越穷。

法则
011

计算一下净收益

　　"计算净收益"听起来是不是很无聊，其实这并不无聊。请记住，这关系到你是否以及何时能得到那所房子或那个假期，你什么时候能在放弃工作的同时负担得起生活，你能给你的孩子留多少钱或给慈善事业捐多少钱，你将开什么样的车。这一点都不无聊。这一切何时会发生？答案取决于你是否计算净收益。

　　当然你明白"净"是什么意思。但是，在决定是否进行投资之前，你是否记得将成本、费用和税收考虑在内？例如，假设你对3%的利率感兴趣，这听起来可能是一项相当不错的投资。但如果你是一个只缴纳40%税率的纳税人，那么"净"收益率将降至1.8%。现在看起来不那么漂亮了，不是吗？当然，这种计算可能不会吓到你，只要你的投资决策是基于真实的净收益，不要陷入只看总体数据的陷阱，那就没问题了。

　　下面再举个例子。假设你买了一套房子要出租。如果你花了20万英镑，而你以年租金1万英镑的价格出租，你可能会认为这看起来很不错。但是，稍等一下，在你做决定之前，你需要考虑哪些因素呢？当然还有抵押贷款的成本、保险，以及出租中介的费用。也许还有房子没租出去之前的费用。对了，还有房租税。看到了吗？我并不是说，买房出租永远不值得，但在你确定这对你来说是不是明智之举之前，你必须计算净收益。显然，房地产也有潜在的资本增长需要考虑，但那是没有保障的，除非是长期的房地产投资。当然，如果你需要在 5 年甚至 10 年内出售房产，你不能假设会有显著的资本增长，房地产价值甚至可能已经下降。

计算一下净收益吧。这计算起来并不复杂，但确实需要你仔细考虑，确保你没有忘记任何事情，尤其是你最终可能要为你所做的任何事情支付的税。

这关系到你是否以及何时能得到
那所房子或那个假期。

法则
012

你认为财富能解决问题，
结果它却变成了问题

金钱并不能让你所有的人际关系都变得顺畅，绝对不能。金钱并不能保护你免受疾病的侵害，它可能会让你在生病后得到更好的医疗照顾，但保护不了你。金钱可能会帮你买到更好的食物，但世界上一些富有的人的健康记录相当糟糕，尽管他们有足够的钱养活自己，也无法逃离疾病的折磨。所以，金钱和健康并不一定是齐头并进的。

你越把金钱看作解决问题的办法，就越有可能完全忽略了这个道理——金钱不能解决任何问题。

你可能会想："如果我有一笔巨款，我就能解决我生活中的这个问题了。"那我得警告你，金钱会带来更多的问题。金钱不会让你更快乐、更苗条，也不会让你更受正经人的欢迎。金钱并不能带来持久的、有意义的心灵平静。有很多富裕的、肥胖的、不快乐的人，他们没有真正的朋友。我认为，我们需要先找到解决问题的方法，然后再想办法为这个方法提供资金。金钱不是也永远不会是治愈你的良药。能润滑车轮的是油，而不是发动机。

金钱可能会让你在生病后得到更好的医疗照顾，
但保护不了你。

法则
013

好好工作，好好睡觉，这不妨碍你赚钱

许多人持有以下一种、几种或者全部观念：

- 赚钱的同时，你也会成为一个无情的、控制欲强的、不道德的、贪婪的恶霸。
- 为了赚点钱，你必须出卖你的灵魂、你的祖辈、你的原则。
- 富有意味着你最终会患上心脏病、失眠和其他与压力相关的疾病。
- 为了赚钱，你必须变成一个为了财富而牺牲家庭、道德、幸福等一切的卑鄙小人。

嗯，事实可能是这样的，但也未必是这样的。实际上，事实不应该是这样的。这就是赚钱的美妙之处。如果是这样的，那你就做错了。你看，金钱如此唾手可得，对任何人来说都是如此（正如我们在法则 001 中看到的），你真的不需要那么努力，也无须改变那么多。很多相当普通、善良的人都能赚到钱，而且赚得很多。

好好工作，好好睡觉，这不妨碍你赚钱。你只需要确定这就是你要做的工作，无论做什么都可以，但贵在坚持。

记住，如果你开始失眠或不再享受你所做的事情，那么，你需要和自己严肃地谈一谈。回到这本书的开篇，记住财富对你来说意味着什么。

我看过一幅漫画，画的是一间会议室，里面全是有钱有势的高管。一个小女孩在门口探了探头，说："钱买不到善良的微笑。"片刻之间，这些商人都显得很羞愧。然后，主持人咆哮道："滚出去，丫头，谁想要一个善良的微笑？"其他人都松了一口气，然后大家继续开会。

就我个人而言，我希望你能给我一个善意的微笑，即使这意味着我要损失一点钱。我想白天好好工作，晚上好好睡觉，同时还能赚钱。但在原则问题上，我绝不妥协。我不能花太少的时间陪伴我的家人或孩子，我不能错过偶尔坐在阳光下的心灵休闲，请一天假也不是不可以。一旦我上床睡觉，我就不会担心工作或钱，我不会因为金钱而失去幽默感，也不会因为金钱而失去乐趣。我以这些起誓！相信我，我认识和观察过很多有钱人，我知道这是可能的——既赚钱又有生活，既有道德又富有，既赚很多钱又做一个彻头彻尾的好人。这是可能的！只是有时这在我们看来并非如此，这些都是揭穿我们的财富观的一部分。

————

如果你开始失眠或不再享受你所做的事情，
那么，你需要和自己严肃地谈一谈。

法则
014

不要靠做坏事来赚钱

我一直很喜欢谷歌的企业格言——"不作恶"。"作恶"的词义有点含糊，其实就是做坏事的意思，我倒挺喜欢这种笼统的说法。如果你不得不凭借撒谎、欺骗、偷窃、欺诈、想方设法逃避法律、违反法则或为非作歹去赚钱，那么，请不要这样做，因为不值得。

如果赚钱或成为富人不再有趣（做坏事真的会让人失去乐趣），那你做这些事情就没有意义了。如果你不喜欢以一种体面的方式赚钱，那你最好去做一些不一样的事情。

我曾经认识一个重刑犯。他告诉我"不正派"一点也不好玩，因为事实上，他必须比我们其他人更加守法。他不能冒险去超速飙车，甚至有任何轻微的驾驶违规，以免被警察拦下；他也不能参加深夜派对，以防把警察招来；他不能开炫酷的车，也不能享受奢侈的生活方式，以免成为公众关注的焦点。

但是，能够清白度日比能够飙车或开派对更重要。靠做好事赚钱的生活能够让你晚上睡得安稳。你可以坦然地看着你的孩子的眼睛，也可以看着镜子里的自己。此外，你还可以拥有良好的自我感觉。这些再多的钱也买不到。

如果你不得不采取邪恶的手段，那意味着你失败了。这意味着你还没能正确地做这件事；这意味着你在勉强度日；这意味着你还没能想出一个合适的主意；这意味着你很懒，很绝望，没有创造力，很无聊。

我可以想出很多著名的富人通过做坏事来赚钱的例子。是的，他们很富有，这是事实，但看看他们的眼睛，你看到了什么？你想要那种夜不能寐的焦虑表情吗？你想过那种提心吊胆的日子吗？你想要那种无人信任的关系？或者，你选择做合法、诚实且公平的事，好让自己过得轻松？这其实很简单，不是吗？

只要你能在公正的前提下，在不剥削别人、不违反法律或法则的情况下获得财富，你就会做得很好。你只需要快速审视一下自己，对自己在做什么保持清醒的意识即可。

如果你不喜欢以一种体面的方式赚钱，
那你最好去做一些不一样的事情。

法则
015

搞清楚财富和幸福之间的关系

很多事情都会让我们痛苦，比如失去伴侣、被炒鱿鱼、生病等。其中有相当多的事情与财富（挣钱或花钱）有关。记住：

- 财富太少会让你痛苦。
- 财富太多会让你痛苦。
- 拥有的东西太多会让你痛苦。
- 拥有的东西不够多会让你很痛苦。

我认为，我们必须从一开始就好好理解这句话："财富和幸福未必是一回事。"财富买不到幸福。人们在此观点上常犯错误。财富和幸福的关系不是你能决定的。你可以贫穷但快乐，也可以富有且快乐。你可以贫穷且痛苦，也可以富有但痛苦。

如果你指望财富让你快乐，你会失望的。如果你指望财富能让你变得强大（或年轻、性感、更有活力、更有趣、更漂亮等），你会失望的。抱歉，财富并不能解决这些问题。在你看来可能是这样的，在其他人看来也可能是这样的，但在现实中并非如此。有了财富，你可以拥有一些东西，这是事实。但财富并不是万能的。你得先切换你的思维模式。你要意识到，财富只能安慰你，而不能治愈你。

我们都见过中大奖的人虽然买了大房子，却因抛弃了所有的朋友而感到痛苦；还有那些输得一败涂地的大亨们，仅仅因为囊中羞涩而自暴自弃，觉得自己的人生完蛋了。

但是，我们不会犯这些错误，因为我们将勤奋地实践这条法则，并理解财富和幸福之间的关系。我听到有人在问："这条法则到底是什么意思？我要做什么？"我的回答是："没什么意思，就是不要对财富期望太高，不要指望通过'花钱'来让自己开心，因为那是徒劳的。"财富可以带给你一辆全新的宝马汽车或你觊觎的任何东西，但不会给你带来任何快乐。所以，当你第一次坐进宝马汽车或者买到自己想要的东西的时候，你会感觉很棒。我不否认人们买东西的时候确实感觉很棒，但这种感觉并不存在于你买的东西上。这种感觉本来就在你心里。说了这么多，钱能做的就是"买走"很多不快乐，只是不能再更进一步帮你了。

财富只能安慰你，而不能治愈你。

法则
016

弄明白价格和价值之间的区别

　　我曾经请我那位和蔼可亲的岳父给我解释过关于酒价的事情。你说，在顶级餐厅花 100 英镑买的一瓶酒真的比你在当地商店花 5 英镑买的一瓶酒好 20 倍吗？

　　他的回答很有趣："你支付的不只是酒钱。你花钱买的是酒店的氛围、服务、位置（我们这里说的是米其林二星餐厅 Le Gavroche）、侍酒师的专业知识、优秀的伙伴、精美的桌布、隐私、风格和阶层、传统、食物和信任、湿度和储藏、色调和环境、同来就餐的客人愉快地交谈。"

　　酒几乎是无关紧要的，这就是重点。我们自以为知道某物的价格，但它的价值可能远不止于此。

　　我有一辆旧的梅赛德斯—奔驰汽车（我喜欢梅赛德斯—奔驰，但我太吝啬，不愿买新的，二手车打折率很高，我是不会错过的）。我买这辆车没花多少钱。你永远不会这么干，因为你害怕旧车会发生故障，要花一大笔钱才能修好，但你也别忘了，这种旧车质量反而更好，很少出问题。我的一个朋友来拜访我，他开着一辆刚买的新车——一辆时髦的欧系小型掀背车，看起来像一个迷你的宇宙飞船。他看着我那又老又破且满身是泥的汽车，大声说："天呐，你一定过得很好呀！"我试图向他解释，事实并非如此，他可能至少花了我五倍的钱买了他的那辆新车，但他就是不信。他看到了我这辆汽车，认为它的价值远远大于它的价格（我实际支付的钱）。那天我意识到，一件东西的价格不一定等同于人们感知的价值。

你还要记住，只有别人愿意为之付出的东西才有价值。一幅画的标价可能是 500 英镑，但这只有在有人愿意支付这个金额的情况下才成立。这是一个重要的教训。无论是对你还是对其他人来说，一件东西的价格都可能远远低于（或高于）它的实际价值。

如果你想变得富有（我真诚地希望你成为富人），如果你把这本书中的法则付诸实践并勤奋地工作，那么，研究价格和价值之间的区别是值得的。

我们自以为知道某物的价格，
但它的价值可能远不止于此。

法则
017

把富人的心思揣摩得透透的

这里有一个简单的测试，可以判断一个人最终是否会变得富有，或者是否已经成为富人。你所要做的就是看着那个人读他最喜欢的报纸（尤其是在星期天读报纸），然后注意以下情况：

- 他选择阅读哪一份报纸？
- 他选择阅读那份报纸的哪些部分？
- 他放弃阅读哪些部分？
- 他以什么顺序阅读他选择的内容？

这也是对你的考验。看看上面的内容，并在心里记下你所做的事情。富人——我指的是那些有意要努力成为富人的人，而不是那些中了彩票、继承了遗产（我认为遗产是上帝的彩票）或与富人结婚的人——总是这样做：

- 选择阅读比较严肃的报纸。
- 选择阅读报纸中比较严肃的部分。

- 放弃阅读"轻浮"的部分。
- 优先阅读财经专栏。

如果你真的想成为富人，你就必须学习富人的思维模式。这意味着你要研究"对手"，尽管你很快就会成为他们中的一员。你需要了解他们的行话和语言，他们在哪里吃饭和生活，他们如何工作和放松，他们如何投资和储蓄。简而言之，如果你想致富，就得研究财富。你要试着和有钱人交谈；你要向他们提问题；你要培养自己对洞察力和知识的渴望；你要阅读有关富人的文章，因为采访和自传可能充满真知灼见。

你也可以从一些精心挑选的商业和金融书籍中受益。我不打算向你推荐任何书籍，因为我不知道你的阅读风格，你可以找一些适合自己的书籍去阅读。此外，为什么不登录英国《金融时报》网站或其他在线报纸的财经页面，了解货币市场的最新动态呢？你要懂得随时随地获取信息。

但如果你对这一切感觉有点沉重，怎么办？如果你像我一样，既喜欢八卦专栏，也喜欢财经版面，那么，你可能永远不会成为富可敌国、富埒陶白的大富豪。我们依然可以很富有，我们也许还会有更多的乐趣。对我来说，有钱且有趣，听起来不错。我认为，如果我们想很富有，就必须对财富充满热情。我们必须用钱来生活（是的，记住法则 013）。如果我们想从"财富大学"顺利毕业，就得努力学习。

———————

如果你想致富，就得研究财富。

法则
018

不要嫉妒别人拥有的东西

我们都设定了自己的目标；我们都有自己的个人抱负；我们都知道自己准备为发财致富这件事付出多少努力；我们都设定了自己的界限，知道自己准备做什么或不做什么。那么，嫉妒别人拥有的东西有什么意义呢？没有意义，除非你知道他们的目的是什么，或者知道他们准备投入多少努力，或者知道他们准备牺牲什么。

当然，你可以用羡慕的眼光来看待这三种简单的选择——彩票、继承、结婚（或离婚分财产），我们都会这样做。但是，挣钱完全是挣钱者自己的事。他们付出了汗水，他们有创意和创业精神，他们起得比我们早，他们被自己想要达到的目标所驱动或激发。嫉妒他们是毫无意义的，向他们学习才是难能可贵的。

此外，我们从他们身上学到的就是他们能给我们的最佳礼物。理想情况下，你需要一位理财导师。他应该是一位你尊敬的人，他以正确（合法、愉快、正派）的方式赚了很多钱。这给了你少量的提示。他把你放在他的羽翼下，引导你走上正确的道路。当然，他也会拒绝借钱给你。你也不会向他借钱。

如果我遇到一个非常富有的人，我会立即尝试弄清楚他是如何发家的，这条发财之路是否适合我，以及我能收集到什么信息来达成目标。记住，我只想正确地（合法且愉快地）发财致富。

我认为，要想正确地运用这些法则，90%的方法就是把致富当成一种"交感魔法"——照他们的做法去做，你最终也会变成他们那样。

我有自己的理财导师，当涉及钱的时候，我对他说的每一句话都深信不疑，因为他靠钱的利息生活——这也是我的目标。

你可以把别人当作你的灵感源泉。此外，嫉妒不是财富法则玩家的标配。顺便说一下，现在的你就是财富法则玩家。

————————

嫉妒他们是毫无意义的，
向他们学习才是难能可贵的。

法则
019

管理你自己比管理你的钱更难

　　请问，你有多了解自己？很了解？一点也不了解？说不清？
我们自以为了解自己，直到我们开始戒烟、减肥、健身、致富，
才看清真实的自己。然后，我们意识到自己比自我想象的更懒，
意志力更薄弱，更不坚定，付出的努力更少，太容易被人劝阻，
而且做事容易半途而废。

　　如果我想把你放在我的羽翼之下，让你变得富有，我需要知
道的第一件事是：你具备成为富人的条件吗？你足够坚定吗？你
会足够努力吗？你会坚持下去吗？你有骨气、耐力、勇气和持续
的专注力吗？你看，如果你不这样，你很可能不会成功。我不是
想打击你的信心。我想让你看到赚钱是一种可以教授的技能，只
要你准备好了，愿意学习并勤奋地工作。

　　如果你决定要赢得温布尔登网球锦标赛的冠军，就需要在 5
岁左右开始打网球，并在 14 岁之前赢得青少年锦标赛的冠军。你
不能指望一个超重的中年人突然进入决赛。挣钱也是一样。

当我还是一个艰苦奋斗的年轻学生时，我曾经卖了一本有价值的书来养活自己。我做了一个直接的选择：是拥有一些会增值且有可能让我变富的东西，还是享用一顿高档的单人餐呢？你明白我的意思吗？从本质上讲，我选择了（至少在那个时候）继续做穷人，而不是努力变富。

我注意到的是，不管怎么说，想发财的人在刚起步的时候都会有巨大的动力，并准备做出巨大的牺牲。他们管理自己，放弃即时回报以获得更大的长期回报。自我控制和延迟满足是值得学习的实用艺术。

我需要知道的第一件事是：
你具备成为富人的条件吗？

第二章

变富进行时

我们已经进入第二章。本章涉及一个深不可测的未知区域。这是我们必须认真对待的地方；这是我们开始实际操作的地方；这是我们必须开始认真审视自己的处境，从而做一些计划并采取一些行动的地方。

变得富有，意味着对自己非常诚实，愿意投入时间和精力去追求更大的财富。许多法则都是行为性的，而改变你的行为从来都不是一件容易的事。有些法则看起来异常简单，但对于每条法则，你都要问自己："我可能已经知道了，但我真的这么做了吗？"愿意投入并做些什么以有所收获，这是至关重要的道理。

法则
020

开始之前，你必须知道自己的现状

在继续前进之前，你必须知道自己的现状，或者说，你必须知道自己的处境。当鲁滨逊·克鲁索从失事的船上游上岸时，他做的第一件事就是检查他有多少储备、枪支和弹药。一旦摸清了现状，他就可以评估形势并继续前进。

如果你要游上岸，开始你的新生活，你要做的第一件事就是盘点一下手头的东西。找出你已经拥有的东西，可以使用的东西，可以丢弃或打折的东西，你欠别人的东西，别人欠你的东西，你的净资产大概是多少。

你要对自己的生活做一次全面的财务审计。如果你在开始之前不知道自己的处境，就不能真正有效地朝着繁荣富强的方向努力。聪明人会在开始工作之前准备好工具。

下面是一张清单。你可以根据个人情况进行调整。从大数据开始，盘点一下你现在的整体情况。

项目	+	-
房屋 / 按揭		
信用卡 / 储蓄卡		
银行		
存款		
养老金		
贷款 / 透支		
资产 / 汽车等		
个人物品 / 珠宝等		
投资		
负债		
净值总额		

现在有了整体的数据，你需要看看你每月或每年标准的现金流入和流出情况，你可以选择评估哪些数据，但所有数据都必须按月或按年计算。

把你的收入写在这里：

项目	-	平衡
固定的日常开支 （如保险、账单、食物、会籍）		
可变的例行性支出 （如购物、度假）		
总额		

这可能不适合你的情况，但我相信你能理解。不要试图跳过这个练习。即使你的财务状况不太乐观，也要面对现实，这样你才能采取积极的行动来解决问题。

在继续前进之前，你必须知道自己的现状。

法则
021

你要制订一个计划

　　为什么傻瓜那么容易浪费钱？因为傻瓜没有计划。如果你没有计划，你可能会把钱花掉而不是用钱投资，或者跟不上新的商业创意或职业变动。如果你有一个计划，就会确切地知道应该把钱花在哪里更合适。

　　上一条法则帮助你了解自己现在的处境，并且你已经知道自己要去哪里，即你的目标是什么。本条法则告诉你的重点是你要如何实现目标。下面我们再回头去看看《鲁滨逊漂流记》的类比故事。鲁滨逊遭遇了海难，但他进行了现状评估，还制订了一个计划。"我需要一个取暖的地方，一些食物，还有一些事情可做。"于是，他开始在海滩上搭茅草屋，当然，第一次大风就把茅草屋吹翻了，他不得不躲到内陆的一个山洞里。你看，即使是最好的计划也要有调整的余地。

　　你要先做重要的事。如果你有一份自己喜欢的工作，并且感到快乐，那么，你可能会想要坚持下去。如果这份工作不能让你赚到足够的钱，那么，你需要一个计划，以另一种方式获取收入。如果你的工作让你痛苦，更糟糕的是让你陷入贫穷，那么，你必须在你的计划中优先考虑摆脱这份工作。

你的计划应该包括对你的生活进行财务控制。如果你有债务，你肯定会优先处理这些债务问题，同样也会优先处理过度消费的问题。这个计划可能涉及职业变动、调研一个商业创意、投资或获取一些资本，以便你可以进入房屋出租市场。这个计划很可能还涉及营销策略。很多钱都是通过销售东西产生的，无论是销售产品、服务还是你的时间和技能。这就是我喜欢写书的原因，即使在我睡觉的时候，某处也有一家书店在为我卖书。事实上，关于致富的一个基本真理是，真正的财富来自于做交易，而不是赚取工资、薪水或费用。

正如巴顿将军所说："今天的好计划胜过明天的完美计划。"你的计划包括什么内容并不重要，只要确保你有一个计划并坚持执行就好。别担心，本书后面的内容会告诉你很多关于你的计划应该包含什么内容的建议。你只要记住：永远不要坐等别人给你钱，永远不要！

本条法则告诉你的重点是你要如何实现目标。

法则
022

控制好你的财务状况

几年前，在英国有一场关于禁止使用软管的大骚动。如果你住在其他地方，这可能是个解不开的大谜团。说实话，这甚至对我来说也是个谜。在英国，有些公司得到批准，可以从水库中收集水源，然后卖给住户。由于缺少雨水，水库的水位一直很低。许多住户说缺水是因为自来水公司没有修理水管，大量的水漏掉了。贫民住户被告知，由于没有足够的水，他们不能给花园浇水。但他们说，其实水源充足，只是自来水公司没有公平分配。明白我的意思了吗？

你可能有足够的钱，但还没来得及花就已经没了。因为这些钱有太多出处——税收、支付利息、使用不当（没有正确投资），太多的钱被浪费在错误的事情上。你必须先堵住那些"钱窟窿"，然后才能控制自己的财务状况。

如果你做了法则 020 中的练习（当然你做到了），你就会保持信用卡余额的记录。预支金额高到你都不愿意承认？可能吧。

我们都被鼓励着去用信用卡消费。我们每个月都被引诱着去债台高筑。如果你想阻止金钱的消耗，就把所有信用卡都停掉，然后还清债务。[⊖]如果这对你来说太极端了，那就只保留其中一张信用卡，然后每个月全额还清那张卡的余额（见法则044）。

快速计算一下，看看你要支付多少利息，你的抵押贷款也是一样。确保你没有因为疏忽而支付超出你需要支付的费用。如果你的固定利率交易已经结束，可能是时候检查一下现在可用的最佳交易了。

记录好你花的每一笔钱！这样做一段时间，甚至只是一个星期，看看哪里出现了"钱窟窿"。如果你想变得富有，首先你必须知道你的钱都花到哪里去了。如果你认为记录开销是件很容易的事或这本书充满了快速致富的计划，抱歉，那你就大错特错了。但你可以继续听我说，你会很高兴这么做。

当你进行财务盘点时，你要注意那些容易被忽略的隐藏消耗。例如，过高的、错误的或过时的直接借记和认购事宜。富人的眼光是敏锐的，什么细节都不会错过。

你必须先堵住那些"钱窟窿"，
然后才能控制自己的财务状况。

⊖ "那我花什么呀？"我听到有人这么问了。把你能负担得起的钱花在你必须花的东西上，除此之外，暂时不要花任何钱。你要做出选择：是致富还是疯狂消费？你已经尝试过疯狂消费了——我们都经历过。现在走致富路线，看看是不是更好。你只是在推迟消费，而不是永远不再花钱。以后你也可以花更多的钱。在勒紧裤腰带的时候，你会有所期待。想想以后，你会买到更好的腰带！

法则
023

保险公司会理赔，但不一定赔给你

咱们一起好好考虑一下这条法则吧。保险公司设定保费是为了总体上能赚钱（如果不是每一份合同都能赚钱的话）。谁的损失？当然是你的了。假设你在 10 年里每年支付 100 英镑，总共是 1000 英镑。保险公司会计算出，无论你投保的是什么，他们支付的赔付总额可能不到 1000 英镑。在这种情况下，你花在维修（或更换，或医疗护理）或其他方面的钱比你支付的保险费要少。

你为什么投保，为谁投保，这些都不重要。这就是保险公司赚钱的方式。此外，保险公司还有管理成本、管理费用、营销成本和所有其他费用需要支付，它们也会把这些因素考虑到你的保费中。事实上，即使是长期保险，大多数人也拿不到他们所付保险金的三分之二。因此，为你所有的宠物、财产、洗衣机等购买保险，在经济上是没有意义的。

话虽如此，有两种情况你最好买保险。第一种当然是法律上的需要，比如司机保险。第二种是如果最坏的情况发生了，你的银行存款不足以一次性支付损失。假设你没有给你的宠物投保，而它最近生病了，需要做一次手术，你得花费 1000 英镑，你能一次性筹到一大笔钱吗？如果不能，你会怎么做？也许你会觉得，为了让自己心安理得，这些年你宁愿多花些钱在保险上。然后，在你经济拮据的那个月，如果小猫被鱼刺卡到喉咙，你仍然可以负担得起手术。

生活中还有一些棘手的问题，比如健康保险，但如果你为财产、宠物或大件家用电器投保，那就很简单了。你的洗衣机出了什么问题并不重要，你知道它能让你付出的最大代价就是买一台新机器的费用。你付得起吗？如果能，那你就是在浪费钱买保险。

你计算过你每个月花去的保险金了吗？嗯，为什么不计算呢？现在就去算一算吧。想一想，如果你没有购买这一大堆保险，你可以用这些钱做什么。如果你把钱存到储蓄账户里，至少还能赚一点利息。

这是最精明的财富缔造者们所做的事情：如果他们担心失去"现金流"这个保险安全网，他们就会取消保险合同，然后每个月把这笔钱存入储蓄账户。如果小猫、洗衣机或其他任何东西突然出现问题，这笔钱就可以用来应急。与此同时，这些钱连本带利一直属于他们，而不是属于保险公司。而那额外的三分之一，我们大多数人也都支付了，却再也拿不回来了——哦，这也是他们的钱，他们想存就存、想花就花，别人管不着。

———————

事实上，即使是长期保险，
大多数人也拿不到他们所付保险金的三分之二。

法则
024

只有看起来富有，你才能变得富有

有一次，我看到一个人在看招聘启事。他穿着破旧的运动鞋，戴着兜帽，没有刮胡子，双手插在口袋里，无精打采的。你要知道，他穿成这样去面试，肯定得不到这份工作。而他却抱怨这不公平，没人给他机会，生活糟透了，等等。

我常常出席面试现场，也常常对应聘者的出场方式印象深刻。那些不做功课的求职者总是令人震惊，他们不对公司进行全面了解就来面试，对应聘岗位也不感兴趣。

"你为什么想在这家公司工作？"

"不知道。"

"我们在这儿干什么？"

"不知道。"

我不想做一个老派保守的面试官，但我不能不注意到，不做功课与没有成果是直接相关的。穷人看起来很穷，不是因为他们不得不这样。他们穿着制服，这是他们的标志。如果他们换了制服，他们就改变了环境，因为人们会对他们做出不同的反应。我们和其他类人猿并没有太大的区别，类人猿之间的联系很大程度上是基于它们的动作和长相，那些看起来弱小和贫穷的人也受到同样的对待。强者会昂首阔步，看起来很自信。我的建议是，你需要看起来强大而自信。我们都应该看起来强大而自信。

我们怎么把自己打扮得更像有钱人呢？加油，我对你有更高的期望。你可以进行横向思维。大猩猩根本不穿衣服。重要的是你走路的方式，而不是你穿什么东西，这关系到你的整体形象。

但这并不意味着你可以穿得不得体或邋里邋遢，任何人都可以穿得漂漂亮亮。你可以借一套像样的衣服或买一套物美价廉的西装（记得不要付全款，用信用卡分期付款就行了）。想当初，为了参加第一份赌场工作的面试，我从一家慈善商店买了一件很酷的夹克，双排扣、宽缎面翻领，还有一条像样的领结，不过我得自己打领结（不是我以前戴的那种松紧带的烂领结）。我练习了几个小时，直到我掌握了要领，第一天晚上上岗时，我看起来更像是詹姆斯·邦德，而不是赌场练习生，那模样非常具有戏剧张力。但很明显，我把事情搞砸了，后来不得不去商业街买了一套简单的黑色西装，这次我的形象脱颖而出，时髦而不邋遢。我得到了那份美差，尽管我一点都不够格。

会打扮真的很管用，你懂的。你穿得像个有钱人，人们会认为你有钱，并相应地以礼待你。你要研究风格和品位，学习富人的穿着。你的外表看起来很穷，就会得到很差的服务。而且，无论你做什么，都不要满身珠光宝气地炫富。是的，一些说唱歌手的穿着花里胡哨，但你不能那么穿，我也不能那么穿。我们追求的是内敛的优雅。富贵世家，素质一流。简单的线条，不错的发型，干净的指甲，你懂我的意思。

———————

你需要看起来强大而自信。

法则 025

抓住机会，积累财富（不是赌博）

我们都知道那些在主演一个角色后一夜成名的演员，每个人都说他们太幸运了。幸运？他们在学校的每一部演出中都担任主角，他们在戏剧学校努力学习了三年，他们在可怕的肥皂剧中拼命地修炼演技。在英国女侦探小说家阿加莎·克里斯蒂（Agatha Christie）的《注意礼貌》（*Mind Your Manners*）的整个演出过程中，他们都在跑龙套；在这位"阿婆"的另一部戏《多余人生》（*Extras*）中，他们只能做替身。每年的圣诞节，他们都要出门表演哑剧，当然是演南瓜。最终，他们得到了一份美差，在一部当之无愧的成功电影中担任主演。而每个人都说："他们太幸运了！"

致富的过程也有点像这样。你辛辛苦苦干了好几年，突然就走运了。你省吃俭用，天呐，被命运之手触摸的感觉真是奇妙无穷呀！

事实是，你必须投机，才有可能积累财富。你必须下注，才有可能赢得赌注。如果你不下注，你什么也得不到。不，我并不是在建议你去赌博。如果你在证券交易所投资，在明智地听取建议并研究公司及其业绩之后才做出决定，这属于高安全型"赌博"；如果你把所有的赌注都押在红色上，这就属于高风险型"赌博"。

如果你拼命工作了20年，最终得到了回报，这就不是赌博。

投机实际上有四层意思：讨论、深入思考、投资和相信一些不完全确定的事情。我认为这就是我们致富的必经之路。

- 讨论：和各种各样的人谈论财富，看看别人是怎么想的、怎么做的，好好研究他们。
- 深入思考：理解你的主题。
- 投资：用你的时间、努力和生命来投机。
- 相信一些不完全确定的事情：没有保证，但如果你遵循别人为你制定的法则，你应该能够大大降低赔率。

我知道，你可能认为我是想让你用自己的血汗钱去投机。我不是这个意思。我的意思是你要用你的时间和努力、远见和计划、能量和奉献来投机。你投入的越多，得到的也就越多。

此外，你还可以把所有的钱都押在红色上。开个玩笑，别当真。

———————

你辛辛苦苦干了好几年，突然就走运了。

法则
026

如何对待风险取决于你自己

只有危机四伏的投资和令人不安的冒险才能赚到钱？不。在这种情况下，我建议你谨慎行事，小心地把握住每一分钱？不，我也不提倡那样做。

我想说的是，你愿意承担多大程度的风险完全取决于你自己——我告诉你这个程度有多大是毫无意义的事情。你必须决定自己对风险的态度和偏好。就我个人而言，我喜欢参与金融冒险。然而，我的态度绝对是谨慎的，所以我不冒这个险。我发现那些能让你一掷千金或大赚一笔的冒险计划有一些吸引力，但我不会放纵自己的异想天开。我有年幼的孩子，他们是第一位的。

一旦你决定了对风险的态度，你的计划就会变得更容易。它允许你调整你的致富模式。我只是想猜猜，你是学快步跑的野兔还是慢慢爬的乌龟呢。

显然，你的态度会因你的现状而异。需要考虑的事情如下：

- 你的年龄。我们越年轻，应对风险的能力就越强。

- 家庭责任。如果你像我一样有年幼的孩子，你确实需要更加谨慎。如果他们都长大成人并出去闯荡了，你可能准备进一步推动一下你的冒险计划。
- 收入或资产。你需要计算出你准备投资的财富百分比。你拥有的资产越多，风险可能就越小，当然，除非你准备冒巨大的风险。

如果你要投资，那就一定要设法排除风险因素。如果你愿意，可以买保险。另外：

- 不要把所有的鸡蛋放在一个篮子里（稍后会进一步详述）。
- 考虑一下你能承受多少压力和兴奋。
- 看看你的计划周期，你希望收获长期回报还是快速回报。
- 想想在最糟糕的情况下你能承受多少风险。
- 判断你掌握了多少信息，因为信息太少会增加风险。

另一件需要考虑的事情是你如何应对生活中的风险。生活本身就是有风险的，没有什么是确定的。当事情出现问题时，你是如何应对的？你是否积极向上、有活力、有热情、有干劲？或者，你会感到非常沮丧，因为你是悲观主义者，看到半杯水就会感觉"杯子是半空的"，拒绝乐观主义者的"杯子是半满的"理论？了解你自己，了解你如何处理事情和应对变化。记住，冒险并不意味着坏事，它只是意味着你不知道事情会如何发展。

———————

你愿意承担多大程度的风险完全取决于你自己。

法则
027

—

面对风险，思考备选方案

我们都知道，投资风险越大，潜在的回报就越高。当然，风险越低，你的投资回报可能就越少。

你需要考虑你的选择是什么。如果你不冒这个险，会怎样呢？有没有一种选择可以给你带来几乎同样高的回报？如果你不冒险，这笔钱是不是几乎不会给你带来任何回报？

让我给你举个例子。假设你正在考虑投资于一个波动较大的市场以获得高回报。如果你不投资，你可以把资金放在建房互助会，那里应该是安全的（注意我说的是"应该"，不一定是事实）。那么，建房互助会支付给你的利息是多少呢？利率可能是 3%，也可能是 0.5%。如果利率相当高，你的高风险投资可能不值得；当利率相当低的时候，高风险投资可能是你获得可观回报的最佳机会。

我想在这里讲一个概念，那就是"风险溢价"，指的是当投资与其他的理财方案进行比较时，你承担风险所获得的总体回报

（如果你不喜欢行话，那就跳过这一段，不过我还是要解释一下这个术语，万一你想探个究竟呢）。当涉及短期投资时，这是一个特别值得做的计算，因为从长期来看，要预测其他理财方案的回报率可能会更加困难。

回顾2007年年底。那时，英国的储户可以获得6%以上的利率。与此同时，股市（股价）在下跌。因此，冒险投资股票没有回报或溢价。然而，一旦储蓄利率下降，情况就会发生变化，股票投资看起来是一个比储蓄理财更好的选择，这与投资本身无关，它只是教你如何将投资与其他理财方案进行比较。

————

你需要考虑你的选择是什么。
如果你不冒这个险，会怎样呢？

法则
028

—

不要与你不信任的人做生意

这条法则很简单：我们不和自己不信任的人做生意。还有什么好说的？除了不信任的人，还有不信任的企业、组织，你能想到的都包括在内。我们为什么不相信他们呢？因为有些飘忽不定的东西敲响了我们内心的警钟。这些东西可能会有清晰可见的迹象，但你通常看不到预兆。这条法则主要教你利用自己的直觉，倾听自己内心的声音。

如果你觉得有什么不对劲，那就走开。倾听别人对你说的话，你的潜意识会捕捉到一些无意识的线索。如果你忽视这些线索，你一定会后悔。我已经在这上面犯过错。前几天，我差点又犯错。我差点儿从一个狡猾的经销商那里买一辆汽车。我知道他很狡猾，但我想要那辆汽车。我就知道这辆汽车会有问题。是什么让我们忽略了所有警告信号？于是我做了一件明智的事——给朋友打了个电话。他说服我放弃了。好样的！

你还可以继续延伸这条法则，比如："如果你不信任你的老板，就不要为他工作。""如果你不信任你的保育员，就不要把孩子交给他。""如果你对你的理财顾问感到不安，那就换一个。"

听着，你可以选择你做什么和怎么做，但如果你想成为一名财富法则玩家，那么，你需要自信，坚持你认为是正确的，不接受次优的选择。听从你的直觉，做个最棒、最大胆、最勇敢的人。

如果你感觉情况不对劲，那很可能有问题。如果你对和你打交道的人没有好感觉，那就想办法解决。

如果它像鸭子一样摇摆地走，像鸭子一样嘎嘎地叫，那它很可能就是一只鸭子。你必须避开，悄悄走开，拿着钱包赶紧跑路。

有些飘忽不定的东西敲响了我们内心的警钟。

法则
029

什么时候开始致富都不晚

有时候，我们很容易相信，生活中我们手中的牌就是我们可以玩的全部。或者说："好吧，我应该在 20 岁出头的时候就开始领养老金，现在太晚了。"但是，我们可以改变任何我们想要的东西，任何时候开始致富都不晚。

我们再看看法则 001。挣钱不受年龄或任何其他时间因素的限制。你所需要做的就是把你的注意力转移到努力致富上，这样好事就会发生，而你不需要做更多的事情。显然，如果你想要的比宇宙所能赋予你的更多，你就要做得更多。你要转移你的注意力，推动勤劳致富的车轮，财富就会向你走来。不，这不是哗众取宠，这是一个普遍的事实。

无论你在一条路（贫穷之路、失败之路等）上走了多久，如果你想改变方向，你都不需要太多的转变。不管你沿着一条路走了多久，你都可以随时改变路线，根本就没有太晚这回事。这有点像远洋客轮的航行旅程，你可能需要很大的空间才能停下来，但改变方向并不需要太多空间。将方向盘转动几度，你就会在几英里（1英里=1.6093千米）内走上完全不同的路线。

与大多数事情一样，勤劳致富的过程中也存在一个临界点。一旦你在左舷或右舷增加了几度，轨道的变化就会以一种错综复杂的方式变得越来越大。

什么时候开始投资都不晚。投资股票、投资证券、投资养老金、投资时尚、投资品质、投资自己、投资生活都可以。你要保持警觉和活力，拒绝陷入懒散和冷漠的衰退状态，尽量延缓你的衰老心态。我的岳父（总是很有灵感）在75岁时又开始了一项业务，还不是普通的旧业务，这是大多数50岁的人都难以理解的新业务。

然而，如果你觉得太晚了，那可能就是太晚了。但我建议你永远不要这么想。如果你认为自己可以轻易放弃，那你可能真的会轻易放弃。别这么想，听着，我们一起写这本书是为了赚钱，一部分给你，一部分给我。我要尽我的一份力，竭尽全力地去帮你增加财富。如果你认为有任何障碍，比如年龄、性别、种族、能力，那么你已经处于失败的边缘了。抛弃成见，相信我。什么时候开始都不晚。现在就开始吧！

什么时候开始投资都不晚。投资股票、
投资证券、投资养老金、投资时尚、
投资品质、投资自己、投资生活都可以。

法则
030

趁着年轻多存钱
（如果对你来说太晚了，可教给你的孩子）

现在开始存钱可能对你来说太晚了，但是，你可以告诉你的孩子学习这项技能的重要性。我并不倡导为了存钱而节衣缩食。存钱应该是我们自然会做的事情。我想，如果你是个体户，你很快就能学会这项技能；但如果你破产了，你就没有钱去学这项技能了。每次你赚了钱，就会为各种税款去存一些钱。如果做不到这一点，就意味着在归还期限到来时，你得四处筹钱去交税。如果你存的比你需要的多，剩下的就会变成储蓄。很明显，只要失败一两次，你就会永远记住没钱交税的尴尬。

我发现，先设定一个"数字"会让事情变得更容易，所以你不必考虑太多。我自己的数字是50%，我会把自己赚的任何钱的一半直接存入储蓄账户。我不需要考虑这些。我知道其中一些用于各种税款，其余的用于储蓄。每隔一段时间，我就会把剩下的钱转到另一个储蓄账户（一种超级储蓄账户）。我可以从超级储蓄账户转钱到养老基金、个人储蓄账户或其他账户。

对我来说，这是一种简单的存钱方式。我不需要想太多。我把这个方法传给了我的孩子们，他们拿到零花钱之后，花一半，存一半。我希望他们会发现这是一个很容易掌握的方法，一种具有惯性的存钱动作，这样，在大学或其他需要钱的时候，他们就能顺手掏出一些钱来应急。

我真希望我能：①从小就开始存钱；②有人教我从小就存钱。许多真正的富人都说，他们从很小的时候就开始接受理财教育。这似乎是获得财富的重要组成部分。

看着我自己的孩子学习理财，我很着迷。花钱或存钱的习惯似乎确实有一定的遗传倾向。当涉及钱的时候，我们对所有的孩子都一视同仁，但是，其中一个孩子觉得存钱很容易，一个孩子则是狂热的消费者，无法存下任何东西以备以后救急用，还有一个孩子根本不把金钱当回事。

我坚信，我们只要做些改变，就能纠正自己成长过程中的基本缺陷。坐在那里抱怨别人是没有用的，你必须自己做出改变。你必须承担责任并培养自己的存钱习惯（如果你天性邋遢，那显然没必要培养爱整洁的习惯，这跟存钱不一样）。

如果你存的比你需要的多，剩下的就会变成储蓄。

法则
031

不同的人生阶段对应着不同的财务需求

有些文化允许你在人生的不同阶段有不同的关注点、不同的策略。例如，20 岁可能代表年轻、愚蠢和接受教育。20~35 岁可能是结婚和养家的年龄。35~55 岁可能适合经营事业和创造财富。55 岁之后的生活是精神上的沉思和远离商业世界的喧嚣。

从本质上讲，你的财务需求会随着时间的推移而变化，这反映了你生活中任何阶段发生的事情，以及你当时对生活方式的选择。你可能需要更多的钱来养家糊口，但也许这是一个你通常可以更好地应对逆境的时候。

当你的孩子上大学的时候，你肯定需要更多的钱，否则你可怜的宝贝们就没有足够的钱每天晚上在学生会的酒吧里挥霍了。一旦你到了退休年龄，你可以再次缩减开支，除非你打算把钱都花在昂贵的环球游轮上。

这条法则教你检查自己的处境和需求，并了解影响你的需求的条件会发生的变化。你必须考虑到不同的情况。

在头脑中酝酿一些前瞻性的计划，这会帮你不少忙。例如，你打算把所有闲钱都放到一项长期投资计划中，请设想，如果你在休产假时突然需要更多的钱，或者你想在休假期间来一场世界旅行，那么，你便没有多余的钱来应对。所以，你要仔细考虑并预测未来可能的需求和变化。

请快速思考：你的人生处于什么阶段？你现在需要多少钱？你的下一阶段是什么？你将来需要多少钱？

有些文化允许你在人生的不同阶段
有不同的关注点、不同的策略。

法则
032

你必须辛苦挣钱，钱多了就不必辛苦了

我对这条法则的感受十分强烈，怎么强调都不为过。在观察那些真正的富人，并向他们学习之后，我得出的结论是：几乎在每一个案例中，他们都是拼了命才取得现在的成就。他们经常很早就出发，并且工作到深夜。他们牺牲了很多。他们的午休时间不长，他们也不浪费时间。他们晚上不看电视。他们拼命工作。他们知道钱不是大风刮来的。

如果你也想成为富有的人，你就必须像他们那样做。你必须辛苦挣钱，钱多了就不必辛苦了。但你必须先努力挣钱。

你有多敬业？你有多认真？这就是我们分拣麦子和糟糠、男人和男孩、女孩和女人、亚军和冠军的时刻。

你还在看我的文字吗？你显然在认真阅读。很好！如果你准备投入大量的时间去做正确的事情，就应该成功。也许你不会马上成功，也许你的第一个想法不会实现，但通过努力，你总有一天会实现目标。我是怎么知道这些的呢？因为我已经做到了。我不是在蛮荒之地说教（我希望我根本不是在说教）。我出身贫寒，努力工作了很长时间，并仔细选择了自己的努力方向，现在我有钱了，事情就是这么简单。从表面上看，这似乎是一种运气，但那是我故作轻松的表象。在《工作：从平凡到非凡》中，我写过我们要让自己看起来很酷、很悠闲，看起来毫不费力，我也经常这样做。我经常在别人都上床睡觉之后继续工作到深夜，或者在早上很早就起床"搬砖"。不要告诉任何人，因为我喜欢懒散的形象，每个人都认为我是一个躲避工作的、吃着忘忧果悠闲过日子的、颓废堕落的流浪汉。但事实是，我在辛苦地工作。你也必须辛苦地工作。

下面说一说发财致富的秘诀吧。第一个秘诀是，你需要像从未工作过一样热情工作，你需要像没人在看管一样自觉工作，你需要像没有老板在监视一样主动工作，你需要像你的生命依赖于工作一样全力工作。第二个秘诀是，你必须享受工作。如果你觉得这是一件苦差事，你就不会去做。

这里我要强调一点：并不是你在任何事情上都努力工作，就一定会变得富有。一个拿最低工资的办公室保洁员是不会因为全天做保洁工作而变成富人的，也不会因为认真彻底地打扫办公室而变得富有。然而，他们也可能会变得富有，比如，自己开一家保洁公司，并努力让公司成功地运作，找到新客户，确保其员工优秀、快乐、积极工作。

我想说的是，即使你有一个很好的商业想法，或者有一些钱可以投资股票，你只有在真正努力地实现你的想法或明智地投资金钱并仔细管理时，才会获得最大的回报。你必须付出努力，才能收获回报。

他们晚上不看电视。他们拼命工作。

法则
033

学习成功交易的艺术

做交易是很划算的，交易能让你赚钱。简单的交易技巧会一次又一次地为你服务。你需要学会勇敢，学会要求更多，学会用你所拥有的换取你想要的。

下面是一个成功达成交易的例子。来自加拿大蒙特利尔的凯尔·麦克唐纳（Kyle MacDonald）在 9 个月的时间里用一枚红色回形针换来了一栋房子。他基本上是这样做的：

- 他创办了自己的网站，提供了用自己的红色回形针换取任何东西的服务。
- 他用红色回形针换了一支鱼形的绿色钢笔。
- 他用绿色钢笔换了一个笑脸门把手。
- 他用笑脸门把手换了一个便携式烧烤架。
- 他用便携式烧烤架换了一个便携式发电机。
- 他用便携式发电机换了一个即时派对礼包和一桶啤酒。
- 他用即时派对礼包和啤酒换了一辆雪地摩托。

- 他用雪地摩托换了一次去不列颠哥伦比亚省的旅行。
- 他用这次旅行换了一辆卡车。
- 他用卡车换了一份唱片合同。
- 最后，他用唱片合同换了亚利桑那州凤凰城的一栋房子。

  诚然，只有一年的租约，但也够幸运的，嘿嘿……

11 个步骤，11 笔小交易。不错。这就是成功交易的艺术。

所以，我们要从凯尔身上学到如下的经验：

- 永远不要说你一无所有，没东西可交易。
- 永远对机遇保持开放的心态。
- 适应性强，灵活变通。
- 有一个目标。
- 勤奋工作。
- 疯狂地建立关系网。
- 利用免费的宣传。

我在自己的业务中更喜欢谈论"互惠互利的合作伙伴关系"。这些对双方都有利的交易是所有交易中最划算的交易。每个人都对交易结果感到满意。

你有什么东西是别人可能想要的？从广义上考虑，不仅仅像凯尔那样的小财产，还有你的技能和知识，以及你的时间、能力和努力。你要思考，谁会想要这些，你能要求什么作为回报？

你有什么东西是别人可能想要的？

法则

034

学习灵活谈判的艺术

如果你要进行交易、买卖和交换，就必须学会谈判的艺术。基本上，这门艺术的核心是让别人觉得他们得到的和你一样多。

正如我所说，我喜欢谈论合作伙伴关系，这是我实现梦想的方式。我真的不想破坏别人致富的计划。我不需要他们为了让我成功而失败，我想我们可以一起前进，没有人会吃亏。如果我想让别人从我这里买东西，我希望他们能够从中获利，并从中受益。我不想卖出东西后就卷钱跑路。我想要回头客。我想要一个体面的名声。我想对自己的工作感觉良好。我想要一个合作伙伴关系。

谈判的艺术将使你在许多不同的情况下受益——从简单的加薪谈判，到与伴侣的亲密关系谈判，再到与孩子的零花钱谈判。如果你学会了这门艺术，一切都会轻松顺利地进行下去，你会得到你想要的，他们也会得到他们想要的——双赢！

有一些关于谈判的法则需要你牢记在心。以下是其中几条重要的法则：

- 永远守住自己的底线，不要越过那个临界点。
- 永远知道自己想要的是什么——目标、最终成果、目标受众。如果你不知道自己在谈什么，谈判就毫无意义。
- 永远以双赢为目标。
- 随时准备放弃一些东西来换取其他东西，记得要灵活多变。
- 在谈判之前要尽可能多地了解情况，因为知识就是力量。
- 争取做成你能成交的最佳交易。降价很容易，涨价几乎不可能。

这些只是一些关键点，但如果你不了解这些，那就买本书、报一门课程或与真正了解谈判技巧的朋友交谈。

总是让我感到震惊和恐惧的是，人们经常在进入各种状态（从工作到恋爱）之前都没能首先弄清楚他们正在着手做什么，人们对他们的期望是什么，他们将从中得到什么，他们对自己的伴侣（或老板、商业伙伴、恋人、子女等）的期望是什么，他们预期的结局又是什么。你必须讨论这些事情，"讨论"就是最基本的谈判艺术。把事情开诚布公，不要想当然——这是很糟糕的做法。

————

我不想卖出东西后就卷钱跑路。
我想要回头客。我想要一个体面的名声。

法则
035

小钱不会让你致富，只会让你痛苦

花小钱精打细算，花大钱大大咧咧？我不赞成！我认为，花点小钱抠抠搜搜的人想发财致富是注定要失败的。花点小钱别抠搜，否则你不但发不了财，还会变得痛苦不堪。痛苦不是开始每一天的起点。你需要一顿像样的早餐和一种积极的态度。每天少喝一杯卡布奇诺可能会帮助你减肥，也可能会减少你的咖啡因摄入量，但不会让你变得富有，反而会让你感到痛苦。

那么，那些精打细算的事情呢？有些人从节俭中得到满足，但如果你不愿意太节俭，那就不要因为相信节俭是致富之路而否认自己的小快乐。

不过，我在前面的一条法则中说过，富人目光敏锐，懂得阻止金钱外流，是不是？确实如此。但这是不同的。虽然让你的财务状况井然有序是一件好事，但没钱的话，你也就不必管理财务了。确保你没有因为粗心大意而花钱（这些都是"钱窟窿"），但也不要否认那些让你的生活变得丰富的小快乐，只是不要疯狂消费就好。如果你买不起你想要的东西，那就少买些，但要买质量好的。你可以一心要为那些大件物品存钱，也可以问问自己是否真的需要这些东西，但不要以为放弃一些小奢侈品、小款待、改善生活的小物件就会让你的财富增加。连小小的犒劳都免了，只会让你陷入贫穷的怪圈。

摆脱贫穷的怪圈和贫穷的心态是你成功的关键，也是你致富的必经之路。

有钱人不会省吃俭用。当然，他们中的一些人相当吝啬，你必须撬开他们的钱包。但是，尽管他们小心地盯着自己的钱，但他们也不会为了让自己变得更富有而少喝咖啡或买便宜的果酱。显然不会！

就像节食一样，如果你拒绝自己的每一个小快乐，你可能会失败。小小地放纵一下，才能更好地前行。现在还有谁会告诉你这些呢？

———————

每天少喝一杯卡布奇诺可能会帮助你减肥，
也可能会减少你的咖啡因摄入量，
但不会让你变得富有。

法则
036

真正的财富来自交易而非薪水

　　我并不是说为别人工作不可能致富，因为打工致富的事情也是可能发生的（见下一条法则）。当然，你必须界定一下财富的定义，正如我们在法则002中看到的那样。也许你并没有雄心在财富上与比尔·盖茨竞争，但如果你有一幢没有抵押贷款的房子，一年有几次奢华的假期，还有一笔可观的一次性存款以备不时之需或留给孩子们，你就会很高兴了。在这种情况下，作为一名雇员或自由职业者，你需要出售你的时间并高效地工作。如果你很受欢迎，也可能会变成富人。

　　看看那些专业人士，他们的故事可以很好地说明我的观点。律师、顶级医生、成功的财务顾问等都过着许多人向往的极其舒适的生活，但他们都不是超级富豪，除非他们继承了遗产或在做其他副业。

　　要成为真正的富豪，你必须做交易，也就是做生意。当我在法则033中告诉你要学会成功交易的艺术时，我不是在开玩笑，因为这是获取财富的唯一途径。看看世界上富有的人，他们都不是雇员，甚至不是自由职业者。他们都在卖东西，如电脑、飞机座位、银行服务、汽车、报纸。

稍等一下，你现在还不能放弃正职。我不是说你不能给别人打工，至少现在还得给人打工。但要认识到，如果你的抱负是致富，你最终将不得不离开这份工作，开始自己的事业。也许你可以做兼职，当你不再需要这份工作的时候就辞职；或者，你需要一个自己创业的计划。无论你如何选择，只要你想成为真正的富人，你迟早都要开始做生意。

———————

只要你想成为真正的富人，
你迟早都要开始做生意。

法则

037

为别人工作不一定致富，但有这个可能

大多数人都认为为别人工作永远不会变富有，只有成为企业家才行。对很多人来说，这可能是实情，因为每小时的劳动报酬是有限的。然而，也有一些人靠打工也过得很富足。

我们不应该忽视这样一个事实：打工对我们来说可能是最好的途径，我们不必经营自己的企业。谢天谢地，有很多种类的打工人都过上了优越的生活。例如，我的一个朋友在保险公司工作，他非常富有，这要归功于高额的佣金。他说他自己单干也好不到哪里去。

许多在计算机行业工作的人选择成为自由合同工，因为他们认为自己会赚得更多。有些人做到了，但收入并不总是稳定。当合同到期时，有些人的境况比受雇时还要糟糕。但对某些人来说，这确实是最好的方式，他们通过自主创业赚了一大笔钱。

我猜想，你必须对这个问题保持开放的心态，不要总是假设单干的优势。如果单干不适合你，那么，强迫自己创业会让你很不开心。也许稳定的就业更重要，你应该坚持下去，而不是想当然地认为自己必须创业。

反之亦然，自己创业可能会让你富有，但也可能不会。近三分之二的初创企业在三年内以失败告终。看看你的周围，你会看到很多小企业主拼命挣扎的例子。自主创业存在很多的不确定因素。自主创业通常有更高的收入潜力，但并非在所有情况下都是如此。你必须非常仔细地研究各种问题，比如合适的业务、服务对象的合适需求、恰当的时间、足够的努力等。

这里没有空间和时间来讨论自主创业的所有优点和缺点。我只能说，努力创业比努力打工要容易得多，也有趣得多。但我们的目标不是摆脱打工走向自由，而是致富。因此，我们必须对加速实现这一目标的任何手段持开放态度。打工还是单干，这完全取决于哪个能让你最容易、最快速、最顺利地走向富有。而你的日常工作根本不需要成为你发财致富的途径。

致富的秘诀在于不要对任何发财的机会关上大门。保持就业并不意味着不能在 eBay 上做点小生意，也并不意味着不能通过以租养房来创造新的收入来源。

也许稳定的就业更重要，你应该坚持下去。

法则
038

致富要趁早，切忌拖拖拉拉

如果你在海上遇到狂风骤雨，就得找个安全的港湾。只要能躲避暴风雨，任何港湾都可以。你不会浪费时间反复琢磨这个港湾有没有淋浴设施、你最喜欢的连锁餐厅有没有在这里开分店，或者在哪里停船更便宜。你只要趁港湾还有空间的时候赶紧逃离暴风雨，并感激这个港湾提供了你真正需要的东西——安全。

赚钱也有点类似。有时候你只需要行动起来。只要你的行动有回报，总比什么都不做强。这并不复杂，但你会惊讶于有许多人都忽略了这一点，他们总是这样想："我以后会决定如何投资我存下来的那一小笔钱，但我现在不能决定是买股票还是把它存在储蓄账户里。"因此，他们什么都不做，把钱放在活期存款账户里，赚不到利息；更糟糕的是，由于违约和通货膨胀，这些钱被浪费掉了。

你不需要深入思考这些问题也不用想太多，甚至根本不需要思考。

武士的生活信条很简单——不犹豫，不质疑，不惊讶，不害怕。这是做任何事情最聪明的策略。它的基本意思包括：一旦你决定了行动（或拼搏或战斗）路线，那就付诸行动；了解你需要了解的一切，不要害怕，尽快着手去做。如果你看过武士斗剑，就会注意到他们先是互相盯着对方绕圈圈，然后就会出现戏剧性的搏击场面，一次次的剧烈打斗后，一切戛然而止！其中一个武士，或者经常是斗剑双方都死了。绕圈圈不是为攻击对方做准备——那是多年训练的结果。绕圈圈是在试探对手，抓住他的心思。当进攻开始时，双方都会直接、迅速、毫不犹豫地出击。你的财务计划也必须有同样犀利的洞察力。

做点什么总比什么都不做要好，就怕你下定决心非要留在原地。有时，快速行动比坚持一种可能性要好得多。假设你把买卖古董和收藏品当作一种可以赚钱的爱好。如果你花 10 英镑买了一个盘子，以为可以卖到 30 英镑，但有人在一小时内出价 20 英镑，然后你拿着这 20 英镑，以每个盘子 10 英镑的价格再买两个盘子，以同样的方式出售。我不是说你应该盲目行事——远非如此。就像武士一样，我谈论的是你已经知道的东西。现在你必须采取行动。你可以做出聪明的、明智的、深思熟虑的决定，但现在就行动起来吧！迅速衡量一下自己的致富潜力，考虑一下利弊，然后采取行动。

武士的生活信条很简单——不犹豫，
不质疑，不惊讶，不害怕。

法则

039

像不需要钱一样，因喜欢而工作

大多数人工作是因为他们确实需要钱，但有些人会表现出来，有些人则不会。如果有人看起来好像不需要钱，那有两个原因：①他们装模作样；②他们真正喜欢自己的工作，因为喜欢而做，即使不需要钱，他们也会做。

显然，上述的第二个原因是一个非常棒的状态，我们都应该努力去实现。但即使你还没有处于这样的状态，也有充分的理由去工作，不管经济回报如何，你都要出去工作。如果人们认为（或真的知道）你需要钱，那就给了他们控制你的力量，让你处于弱势地位，这会让你没有安全感。如果你因喜欢而工作，他们就会失去控制你的力量，而你反而成了力量的拥有者。

许多年前，我做了一份我讨厌的工作，我很不开心。后来，我开始了一项不太投入的事业，结果失败了。但我一直在写作。我是作家吗？不完全是。我不写曲高和寡的虚构小说。我希望我能写那样的东西，但我知道自己的局限性，所以我坚持写我看到别人在做的事情。写作是我一直在做的事情，不管我是否为此得到报酬，也不管出版与否，我都一直在写。这就是我的致富秘诀。我写作是因为我非常喜欢它。写作就是我的心、灵魂、信念、动力和抱负。写作是我生命的一部分，没有人能碰它，没有人能控制它，也没有人能夺走它。你知道写作让我多开心吗？你知道写作让我多富有吗？[⊖]你知道写作给了我多大的力量吗？

你的秘诀是什么？是什么让你心潮彭拜？你的梦想在哪里？你必须拥有动力！富足的人生拒绝"我不知道"或"我不确定"。你得知道，你得确定。为什么？因为这就是富人的做法。他们知道自己要去哪里，知道到达那里后要做什么。他们有激情、有干劲、有野心、有决心。他们工作是因为他们想工作。

啊，但我听到有人说，激情和决心是他们与生俱来的东西，这是他们的个性。也许是这样。但个性也是你可以模仿和复制的东西。喜欢某人，你才可能变得像他一样。就像你不需要钱一样，因喜欢而工作。瞄准一个目标，然后全身心投入，如果做不到，那就什么都不做。[⊜]

如果人们认为（或真的知道）你需要钱，
那就给了他们控制你的力量，让你处于弱势地位，
这会让你没有安全感。

⊖ 这一次，我指的并不是经济富足，尽管富有在很大程度上也是开心的因素之一。
⊜ 显然，即使你在追随自己的梦想，也会有受够了、厌倦一切的时刻、日子。我要说的是，你要去做你大体上很享受、总的来说很愉快、多半会得意扬扬的事情。

法则
040

量入为出，花的要比挣的少

　　我很惊讶有很多人蔑视这个简单但最重要的黄金法则。你必须量入为出，控制你的消费。请存一些钱，用这些钱来产生更多的收入。还记得那个养兔场吗？如果你把兔子都卖了，你就养不出更多的兔子了。

　　顺便说一下，这条法则与法则035并不矛盾。你应该量入为出，但要活得足够幸福。如果你挣的钱不够每周喝香槟，那就一个月喝一次。但如果喝香槟让你开心，那就喝吧。

　　这是关于知情和控制的话题。你需要知道你的收入是多少，支出是多少。稍后我们将讨论如何减少消费和储蓄，以及如何停掉几张让你闹心的信用卡（它们有时也会干点儿小坏事烦你）。

　　你还需要知道：

- 任何可能出现的支出。
- 你为应急计划所做的任何准备。

- 任何未来的收入，你可能有权以利息或投资的方式来实现。

人们出问题的地方不在于他们是否挣够了钱或花得太多，这两个问题都很容易克服。这里存在的最大问题是你不知道自己在做什么，不知道自己的财务状况，不知道未来会发生什么。

我知道，做到量入为出很难，但是，如果你总是负债累累，那么，你应得的所有财富都将流向某个不知名的银行。我打赌，有人很享受花钱，也有人每周喝香槟不止一次。为什么要鼓励他们这么做呢?

我要你每星期、每小时都知道自己挣了多少钱。我想让你监督自己的花费，自己的生活成本，即你在哪里浪费钱、在哪里省钱、在哪里明智地花钱。只要进账大于出账，你就掌握了基本要领。如果花销比收入多，你需要采取迅速而有效的行动来纠正这种局面。

这里存在的最大问题是你不知道自己在做什么，
不知道自己的财务状况，不知道未来会发生什么。

法则
041

除非真的迫不得已，否则不要借钱

　　这条法则非常重要，所以我要重复一遍：除非你真的迫不得已，否则不要借钱。即使迫不得已，最好也不要借钱。除非你是在向别人借钱，而对方提供无息贷款、没有附加条件、不以你的房子作抵押，也没有破坏友谊的可能，这听起来就像是乌托邦的幻境。哈，世上没有白来的钱（或免费的午餐）。[⊖]

　　如果有人把钱借给你，他是想要你将来还钱时"加钱"。而"加钱"是搞垮并阻止大多数人变富的原因。我们必须把它扼杀在萌芽状态。如果为时已晚，那就需要进行大幅度裁剪了。我们要消去这个"加钱项"。

　　"加钱"通常是经济上的（即贷款利息），这通常是导致我们陷入财务瘫痪的原因。然而，"加钱"也可能是情感上的。如果你向朋友和家人借钱，"加钱"可能会引起各种各样的"情感并发

　　⊖　确实有这样的事情。试着在你的搜索引擎中输入"免费赠品"，你应该会在某个地方找到一顿免费的午餐。

症"——这从来都不简单。

请你在做其他事情之前，先还清自己的贷款和债务，这是消去"加钱项"的唯一方法。我懂，很多人借钱创业，然后大赚了一笔。我们都得借钱，不是吗？我有一个朋友和他的三个朋友一起创业。他们每人投入 500 英镑，经营了 15 年。然后他们以4300 万英镑的价格卖掉了公司。是的，没有一分钱是借来的。结果，他们不需要和任何人分享这笔财富。而在这种时候，即便你的父母说你应该学会分享，你也不想分享。

我还有一个朋友，他借了很多钱去创业，最后以 800 万英镑的价格成功出售公司。但几乎每一分钱都用于偿还贷款和利息。他所剩无几，但没有吸取教训，继续用从城里贷款筹集的资金创办了另一家公司。但他说他学到了很多，因为这次他只借了 300万英镑。呵呵！

当你开始创业时，顾问们通常会说："向你认识的人借钱是可以的，因为他们愿意支持你。"但英国小说家吉利·库珀（Jilly Cooper）表示，她对借钱给朋友持谨慎态度，因为如果她在圣诞节看到某人，而此人欠她 1 万英镑，她很难强迫自己给他一个拥抱。就我个人而言，对于一个欠我比 1 万英镑少得多的人，我都很难拥抱他！

此外，尽量不要借这些人的钱：

- 你的父母。
- 你的孩子。
- 别人的孩子。

- 朋友。

- 情人。

- 路过的陌生人。

- 高利贷者。

- 城市。

- 银行。

- 信用卡公司。

- 任何类型的海外投资银行家。

- 我。

如果有人把钱借给你，
他是想要你将来还钱时"加钱"。

法则
042

考虑一下债务合并事宜

显然，最好的建议是从一开始就不要负债。如果你读到这条智慧法则时已经陷入债务危机，那么，这条黄金法则会教你在还清债务时支付尽可能少的利息。很明显，你必须尽快还清债务。这时，合并债务是一种可能适合你的方法。我在这里说的是停止使用三张到四张信用卡，以及停止透支、停止向银行贷款和避免产生其他借款。你可以把所有信用卡合并成一笔贷款，废弃信用卡，然后还清透支额。是的，我确实理解信用卡的易用性和实用性，但你使用借记卡会更安全，你不能花那笔不存在的钱。使用现金也是很好的选择。

然而，如果你真的要合并债务，要提醒你一句：确保你没有把短期债务变成长期债务。严格来说，合并债务是为了迅速还清债务。

如果你决定合并债务，这里有一些有用的建议：

- 我的一个朋友写信给他所有的债权人（包括他所有的信用卡客户），表示如果他们愿意注销债务，就立即支付50%。令人惊讶的是，每个人都同意了，他向银行贷款，在没有宣布破产的情况下还清了所有债务。他就这样合并了自己的债务，并将债务减少了一半。简直太棒了。

- 永远不要回复任何公司提供的为你合并债务的广告，那些广告是为那些"钱多人傻"的人准备的。你可能会发现利息很高，或者贷款是长期的，所以，随着时间的推移，你要支付更多的利息，或者单次逾期会受到大数额罚款。

- 寻找还贷款的银行时，要货比三家。不要仅仅因为你在一家银行存过钱，就接受这家银行的贷款。也许它的贷款利率远远不是最便宜的。

- 在任何情况下都不要打你家房子的主意。如果你这样做了，并且你不能按时还款，你可能会失去你的房子。有什么值得冒这个险的吗？我认为没有。

- 检查有关提前结算的细则，确保你不会因为提前结算而受到处罚。

- 债务合并时只借一笔贷款，而且仅此一次，吸取教训，继续前进。

- 尽快还清贷款，因为期限越长，你需要支付的利息就越多。

- 如果你必须借款，以你可以转售的资产（比如机床、货车）为抵押，尽量不要让借款超过转售价值。

- 赊购则是一个稍有不同的话题了。比如，当杰克·科恩（Jack Cohen）创办乐购（Tesco）时，他协商将店铺租金延迟三个月支付，他还拖欠了三个月的存货，并从第一天起就开始在柜台上取钱。到第 90 天，他取走的钱比他欠的钱多得多。

你使用借记卡会更安全。

法则
043

培养一项技能，它会不断地回报你

俗话说，谁出钱，谁说了算。这是真的。但是，吹笛人可以决定他吹的曲子要收多少钱，如果他吹的曲子是：

- 受欢迎的。
- 稀有的。
- 吹奏难度较大的（或在某种程度上是独特的）。

如果你给自己找一件像样的乐器、一套不错的曲子、一个不寻常的或古怪的公关方法、一个 USP[⊖]，或者给自己取个响亮的名字，世界就会向你敞开大门，并给你丰厚的报酬。

一旦你能做到别人做不到的事情，或者只有极少数人能做到的事情，你就可以开个好价钱了。相信我，这并不是一项特别难的技能，只要有人想要并且愿意花钱就可以了。还

⊖ 独特的销售主张。

记得那个要价高到离谱但干活最漂亮的汽车清洁工吗（见法则008）？

你可以把自己训练成一名脑外科医生[⊖]，但这需要 10 年以上的时间，还需要有天资、奉献精神和坚实有力的双手。所以，先把这些放在一边，想想你能提供什么。你的技能、天赋、优点和弱点是什么？谁需要这些技能？你怎样才能让你的技能发挥最大的作用？你如何让那些需要这些技能的人知道你拥有这些技能？你能掌握什么技能来满足外面那些等待被满足的需求？

在这个练习中，你不能说：

- 不知道。
- 不确定。
- 真没什么特别的。
- 不是很多。
- 你是什么意思？天赋？技能？我？

加油吧！我们都有一些可以做或可能可以做的事情，以及对我们来说是特别的事情。我们觉得只要有人给我们一个机会，[⊖]我们就能从中赚到一大笔钱。我们都有一个可以追随的梦想，一个敢于执行的计划。也许我们所需要的只是有人推我们一把，推着我们朝着一个正确方向前进，有人给我们敲响警钟，让我们

⊖ 正确的叫法应该是神经外科医生。
⊖ 没有人给你机会，你自己要创造机会。你要迎上去，把机会打倒在地，让机会屈服于你；你要用棒棒糖把机会引诱出洞，追踪它，并用猎枪瞄准它；你要直面机会，直到机会向你投降。但请记住，没有人会把机会赠送给你。

振作起来，真正做点什么。嗯，就该是这样。敲响警钟，继续前行！

一旦你能做到别人做不到的事情，
或者只有极少数人能做到的事情，
你就可以开个好价钱了。

法则
044

你的第一要务就是还清贷款和债务

　　你每个月都还清你的信用卡分期付款吗？如果你还清了，而且你没有任何其他未偿还的贷款或债务了，那么，你做得很好。你没有浪费钱支付利息，你可以耀武扬威地大踏步向前走了；你也可以跳过这条法则后面的内容，继续阅读下一条法则了。

　　如果你确实有一个（或五个）信用卡待还款项、透支和其他贷款或债务，⊖那么，你当然不是一个人在挣扎。我们生活在一个"先用后付"的社会。问题是，债务使我们陷入困境，阻止我们前进。我们只是在浪费钱还利息。比如，你借了2万英镑，最终可能要额外支付几千英镑的利息。你最终要支付的实际金额取决于你借的时间长短，以及利率。债务就像你脖子上的一块磨石，它让你感觉很糟糕，它总是在你的脑海里挥之不去，很容易成为一个影响你的健康和财富的主要问题。

⊖　顺便说一下，我们不把抵押贷款包括在这一类别中。严格地说，抵押贷款也是一种贷款，但也是一种投资（我们希望这种投资有回报），因此是一个特例。

这是毫无疑问的。在你追求财富的过程中，你需要做的第一件事就是尽快还清贷款或债务，在完成之前不要做任何其他事情。如果你同时要为欠银行或欠人的钱支付 10% 的利息，那么，你把钱存入储蓄账户赚取 5% 的利息，就没什么意义了。一个简单的事实是，借款人支付的利率几乎总是高于储蓄者所获得的利率。

我承认，你可能发现了一种特殊情况，在这种情况下，你可以以很低的利率借钱，并相信你可以用这笔钱投资以获得更大的回报，但我要说，请你一定要非常小心。你这是在玩火，除非投资是绝对无风险的（我对此表示怀疑），否则要尽快还清债务或贷款。

我要在这里强调一下，可能也存在一些让你无须遵守该法则的特殊情况。例如，你借钱投资，但你真的知道自己在做什么，那就可以放手去做。我们在这条法则中主要讨论的是个人债务问题。

我不是在淡化摆脱债务的难度，你必须制订一个如何摆脱债务的计划。如果你有不止一笔债务，就先还清最高利息的债务。还钱的动力是至关重要的，因为这是短期的痛苦换来长期的收获。

当然，一旦你还清了债务，你就再也不会去贷款了，对吧（见法则 040）？那是当然！现在你已成为财富法则玩家了。

债务使我们陷入困境，阻止我们前进。

法则
045

别因为忙着谋生而忽略致富

这很容易做到。你需要一份工作，因为你要谋生。然后，你开始为生计而工作，这占据了你大量的时间和精力，以至于你没有剩余的时间来思考你可以做些什么不同的、额外的、更聪明的事情来赚更多的钱。我们中有多少人对自己的财务状况下滑感到内疚？坦白地说，我觉得我们可以利用自己宝贵的空闲时间去做更好的事情，而不是应付我们的财务状况或计划一场姗姗来迟的生活变化或职业变动。

有时，我们忙于工作，忘记了最终的目标——致富。嗯，要想变得富有，你绝对要记得摆脱朝九晚五（或朝八晚八，或任何全日制工作）的漩涡，抬头望天，给自己一个机会去思考更大的图景，并采取行动。

很多人为了谋生而工作，没有这些人，富人就不会变得更富。这并不意味着工人总是被剥削或被利用。只是，如果人们选择做苦力，把所有的时间和精力都投入到为工资而工作中，那么，总有一些人会很快看到机会并变得富有，仅仅因为他们抬头望天，就可以看得更远。

如果你是为了谋生而工作，却不自信地期望这份工作能让你富有，那么你一定是为了爱而工作，不是吗？不，我不是在说笑。因为你在优先考虑自己的野心。如果你只是为了钱而去工作，那么，你应该能挣多少就挣多少、想挣多少就挣多少。

如果你喜欢自己所做的事情，那么，如果钱没有随之而来，你需要制定一个不依赖于"日常工作"的创富策略。你热爱你所做的事情是很好的，但是，如果你也想要财富，就需要确保自己不会因为太忙而忘记思考如何通过做这件事而变得富有，或者你需要采取什么其他行动或策略来创造第二份收入。

如果你对你的薪水不满意，或者讨厌你的工作，那么，你必须问自己为什么还在做这份工作，以及你还能做些什么。最糟糕的情况可能是你在工作中没有感到满足或没有得到回报，但你太忙了，以至于没有时间制订一个能给自己带来更大财富和幸福的计划。当你埋头谋生时，无数的致富机会从你头顶掠过，你却视而不见。想象一下，十年后醒悟过来，你会意识到自己都做了些什么。如果这是你的现状，那现在就做点什么吧。请换个角度看问题，把握当下的机会！

如果你只是为了钱而去工作，

那么，你应该能挣多少就挣多少。

法则
046

你是一点一滴地积累，
还是一次性攒一大笔

我一直在想，如果我能弄到一大笔钱，我就会把它们存起来，这将是一种绝妙的储蓄方式。我的一个朋友说这是一派胡言，一点一滴地攒钱才是最好的储蓄方式。谁对谁错？显然，对的那个人必须是我呀。毕竟，这是我写的书嘛。

让我们从逻辑上考虑一下这个问题。假设我做了一些工作或卖了一些东西，得到了 2 万英镑。我花一半，存一半。我从 50 岁开始这样存钱，到我退休时会有多少钱呢？

我的朋友每月只存 10 英镑，少得可怜，我说这是沧海一粟。但他确实很早就开始工作了（他 20 岁就开始打工了），而且每个月都不缺勤。谁会高龄退休？谁会闲人喝茶？哦，你可以在脑子里算出来，是吗？嗯，请看下面的对照表（假设年利率为 5%）。

看吧，我告诉过你，对的那个人是我……不过我也好不了多少，希望你从中吸取了宝贵的教训。谨慎用钱和定期储蓄是件好事，但从长远来看，还是提倡在以后的生活中一次攒下一大笔钱，如此你将更容易养家糊口。

年份	我的朋友，20 岁开始每月存 10 英镑	我，50 岁之前什么都没存下
1	126 英镑○	
2	258 英镑	
3	397 英镑	
4	543 英镑	
5	696 英镑	
6	857 英镑	
7	1026 英镑	
8	1203 英镑	
9	1389 英镑	
10	1585 英镑	
11	1790 英镑	
12	2006 英镑	
13	2232 英镑	
14	2469 英镑	
15	2719 英镑	
16	2981 英镑	
17	3256 英镑	
18	3545 英镑	
19	3848 英镑	
20	4166 英镑	
21	4501 英镑	
22	4852 英镑	
23	5220 英镑	
24	5607 英镑	
25	6014 英镑	
26	6440 英镑	
27	6888 英镑	
28	7359 英镑	
29	7853 英镑	
30	8371 英镑	

○ 哦，我知道，他不会得到全部的 5%，因为他要到第一年年底才会得到全部的 120 英镑，但这只是一个例子。

年份	我的朋友，20岁开始每月存10英镑	我，50岁之前什么都没存下
31	8916 英镑	这一年我大赚特赚，攒下 10000 英镑，加上 5% 的利率，合计 10500 英镑⊖
32	9488 英镑	11025 英镑
33	10088 英镑	11576 英镑
34	10718 英镑	12155 英镑
35	11380 英镑	12763 英镑
36	12075 英镑	13401 英镑
37	12805 英镑	14071 英镑
38	13571 英镑	14775 英镑
39	14376 英镑	15513 英镑
40	15221 英镑	16289 英镑
41	16108 英镑	17103 英镑
42	17039 英镑	17959 英镑
43	18017 英镑	18856 英镑
44	19044 英镑	19799 英镑
45	20122 英镑	20789 英镑
总计	20122 英镑	20789 英镑

⊖ 我假设自己在这一年年初进行了投资。

法则
047

|

不要租房住，要买房住

我们都需要住的地方。我们可以选择是租房子住，还是买房子住。大多数人都负担不起一次性购房（如果你属于这一类人，我怀疑你是否会读这本书）。所以，为了买房，我们需要一次性借一笔钱。但请稍等一下。我之前不是说过借贷不好，我们不应该这么做吗？我不是说过不要在借款上支付太多的利息吗？确实如此。

那么，我们怎么才能做到无须借贷就有房住，无须抵押就能购房呢？

抵押贷款实际上可以被视为一种投资，而不是一种借贷。这就是答案。如果我们用抵押贷款购买房产，就等于每个月都在投资。我们可以掩饰自己付钱给抵押贷款公司的事实。从长期来看（如果幸运的话，短期也一样），我们可以合理地预期支付的抵押贷款的利息将低于房价增值的额度。我们所指望的是，从长远来看，我们的房子的价值会上升，因此，我们投入了首付和按揭的钱。

另外，租房并不是一种投资。我们再也见不到那笔钱了，这是毫无疑问的。

有了抵押贷款，从长远来看，按揭还款的好处是房价会增值。当我们卖房的时候，我们会从中赚取增值的钱。然而，请记住，购买房产是一项长期投资，我们可能不会在短期内获得收益。如果房地产价格暴跌，我们很难将任何资产转化为现金。一些专家建议，房产应该只占总资产的一半。我们中的一些人似乎很乐观，认为这是一个很好的投资项目。

有些人认为，买房而不是租房会带来巨大的压力，这意味着他们的乐趣会减少。我们要吸取教训，仔细考虑按揭还款将是多少，以及自己是否有能力和意愿分期还款。

理想情况下，低价买入，高价卖出。然后，我们可以把利润投资到下一处房产，而不用再去借贷，这样我们每次都能减少抵押贷款。最终，我们完全拥有了自己的房子，还不用还按揭的钱。结果是，我们有地方住了，再也不用付房租了。

或者，我们可以买一个更大、更好、更贵的房子。这不是创造财富的好策略，但可以住进自己梦寐以求的豪宅，我感觉很好。

租房并不是一种投资。我们再也见不到那笔钱了。

法则
048

理解投资的目的和风险

许多投资都有双重目的：投资产生收入，并增加价值。换句话说，如果你一次性投资（这被称为资本），你会定期获得某种小额回报，资本本身的实际价值也会增加，即投资的雪球越滚越大。

假设你投资房地产。理想情况下，你应该能够把房子租出去，获得租金（定期的小额回报），房产的价值也应该上升，这样，你的资本就会随着时间的推移而增值。

同样，股票应该收取股息（产生收入），当你一段时间后出售时（增值），股票应该比你购买时的价值更高。你懂的。注意我说的是"应该"而不是"将要"，在这场博弈中，没有什么是确定的。

你当然可以投资任何你想投资的东西。

- 公司股份。
- 你哥哥轻率地买下旧船，重新组装，然后想卖船发财的计划。

- 美酒、绘画、克鲁格金币、经典汽车、珍本古籍、格鲁吉亚玻璃。
- 养老基金等，包括储蓄和存款账户。
- 发明和新产品开发。
- 人和创意。
- 戏剧表演、电影、电视节目开发。

投资不一定只是普通的老式投资，还可以包括：

- 赞助赛车、足球队等，从而提高品牌知名度。
- 天使资本。你以一种利他的方式投资于人和创意，而不仅仅是为了赚钱（与风险资本相反。在风险资本中，你投资于人和创意，纯粹是为了赚钱）。

记住，无论你从哪个角度看，任何类型的投资都是一种赌博。你可能会输。如果你不相信我，可以去咨询英国莱斯银行。

另外，你还可以从范围广泛的低风险投资获得值得拥有的净回报。

记住，无论你从哪个角度看，
任何类型的投资都是一种赌博。

法则
049

积累一定资本后理智地投资

正如你之前看到的，很多人没有发财是因为他们太懒了。但还有很多人没有致富是因为一旦他们赚了点钱就找不到北了。你很容易认为，一旦你得到了一些钱财，就会觉得这是你应得的，便会把它花掉。是的，如果不是你偷来抢来的钱，那么，这确实是你应得的。但是，不要现在就把钱花光，不管你多么想要辆新车、想去度个假、想住进海边别墅，都不要挥霍一空。

我已经做到了。我想我们都经历过。我曾经得到过一大笔退税。我不记得为什么我被征收这么高的税，但我被征收了好几年，当他们退还给我的时候，那是相当可观的一笔钱。当然，我享受了一个美好的假期，将这笔钱全挥霍掉了。这就是富人和不那么富裕的人之间的区别。富人把这种突如其来的意外之财看作是从中赚更多钱的机会。不太富裕的人还是发不了财，因为他们认为这笔财富是一个享受乐趣的机会。如果这就是你想要的生活（即时的快乐），这没什么错。但是，如果你想要更多的财富和快乐

（尽管有些延迟），那么你必须学会好好利用你得到的这些财富。坦率地说，这些财富唯一好的用途是作为致富的"起步工具包"。

这些财富并没有丢失，只是被你放在一边为你工作。一旦机会成熟，这些财富可以吸引更多美好的财富，你就可以随心所欲地度假了。但你必须等待时机，必须明智地使用"起步工具包"。你要把它看作"起步资金"。这是收到小费的导游开始收集小费时使用的术语。你必须先在盘子里放点儿钱，否则没人会扔钱到你的盘子里。街头艺人也会做同样的事情，在帽子里放一两个硬币来吸引观众。没有人会把任何东西放进一个空帽子里。你要做的就是在你的"致富帽"里先放点钱。

啊，但我听到有人说自己永远不可能拿到一大笔钱。不是这样的。你每周或每个月都以工资的形式得到一笔钱（我假设你现在有工作）。你可以选择把钱花在什么地方，比如抵押贷款、食物、汽车、娱乐等。但如果你想摆脱那种特定的生活方式，开启另一种生活模式，就必须积极主动地去积累一大笔钱。你开始的方法是每周存一些钱。一旦你积累了一些钱，想想这些钱将在哪里为你带来更多的钱，然后择机投资。理想情况下，你需要把这笔钱变成一种能为你带来更多收入的资产，比如股票、可以出租的房产或其他东西。财富是在一段时间内慢慢产生的，当你把多余的现金变成对你有用的东西时，你就发财有望了。

没有人会把任何东西放进一个空帽子里。

法则
050

从长远来看，房地产的投资前景
不会超越股票

现在，你已经攒了一些钱来投资了，但是，投到哪里去呢？房地产和股票是两种流行的选择，但该选择哪一种呢？

在 2000 年"互联网泡沫"破裂后，股价开始暴跌，许多英国人从投资股票转向投资房地产。这其实并不奇怪，许多在 20 世纪 90 年代末大举投资股票的人在看到许多股票的价值暴跌之后痛苦不堪。一些公司完全倒闭，这意味着投资者的钱全泡汤了。

随着人们将大量资金从股票转向房地产，购房出租市场蓬勃发展，投资者的买房需求增加，房价上涨。最终的结果是，在一些地区，可供出租的房产过剩，租赁房产的收入未能达到预期效果（供应超过需求）。不过，那些早期进入"买房出租"热潮并在合适地区买房的人干得还不错。然而，自 2000 年以后，股价也逐渐回升，总的来说，那些能够继续持有股票的人已经看到了股票价值再次攀升。

那么，正确的做法是什么呢？投资房产还是股票？嗯，尽管短期内存在波动，但从长期来看，股票的投资前景将优于房地产。

但是，不要误解我的意思。房地产也总有一席之地，你可以获得不错的风险利差。专业人士喜欢称之为投资组合。任何像样的投资组合都会理所当然地包括房地产。

投资房地产的一大好处是你可以住在那个房子里，正如我们在法则 047 中所说的，你必须住在某个地方。但是，如果你投资可可期货，那就没有房子给你住了。或者，如果你是买房出租，你会从房屋的租金中获得收入。不过，你会非常担心租金是否和你希望的一样多。你要确定该地区有足够的出租房屋需求，等等。

你持有股票时，希望以股东收取股息的形式获得固定收入，但最大的回报通常来自股价的长期上涨。很简单，由于公司比房地产有更大的上涨潜力，从长远来看，股票应该会给你带来更大的回报。我在这里强调"上涨潜力"，因为"上涨"这等好事并不总是能实现，你的股票或财产的价值可能上涨，也可能下跌。风险总是存在的。选择股票而非房地产的另一个原因是，股票（尤其是平衡良好的投资组合）会给你带来不错的风险利差。品种越多，风险越小。你知道吗？经济不景气时土豆的销量会上升，因为人们在钱少的时候会买更多的土豆。

任何像样的投资组合都会理所当然地包括房地产。

法则 051

精通推销的艺术

就像交易是一项至关重要的技能一样,推销也是一项至关重要的技能,但两者并不总是一回事。推销的意义比交易更广泛。事实上,在你的生活中,你必须推销的最重要的东西就是你自己。

推销是创造每一笔财富的基石。无论你做什么来让自己成功,都会涉及推销,比如推销你的技能、推销你的东西、推销你的想法。不推销东西是赚不到钱的。推销就是致富的源泉。每个富人都知道这个简单的事实,每个穷人都不知道这个道理。

在理想的情况下,你应该做一些有效推销。

- 推销你自己和你的能力、技能和品质(每时每刻都要自荐)。
- 在你睡觉的时候也推销东西。

- 在你从未去过且从未听说过的国家进行推销。
- 通过他人推销，这样别人就会替你推销。
- 推销生产成本低得令人难以置信的东西，这会带给你真正美好的回报。
- 推销别人为你制造和融资的东西。
- 推销基本渗透到每个家庭的产品。
- 推销易于储存、运输和堆放的东西。

这个推销清单可能是无穷无尽的。但是，请不要试图推销没有人真正想要的东西，否则你会遭殃的——除非你是将鲨鱼做成标本泡在玻璃箱中的达米恩·赫斯特（Damien Hirst）。而现在，有一个我从未想过的市场模式出现了。

不要以为推销是那些穿着闪亮西装、线条优美的销售代表的专利。每次理查德·布兰森（Richard Branson）出现在电视上，他都在忙着推销他的热气球，他在推销自己的整个品牌。聪明的男人！聪明的推销模式！

我喜欢 2005 年上大学的年轻人亚历克斯·图（Alex Tew）。他想成为百万富翁。他知道，如果他有 100 万件东西，他可以把它们都以 1 美元的价格卖掉，从而实现他的目标。他意识到一个网页有 100 万像素。然后，他开始以每个像素 1 美元的价格出售给广告商。你需要花 400 美元购买 400 像素才能打一个广告。他在圣诞节前卖掉了一半，剩下的在他大学的第一年就卖掉了。很掉价吗？我不这么认为。你可以登录他的网站看看。是的，我支持他的创业，并付给他 400 美元为我的生意做广告，因为我认为这样一个有进取心的年轻人有资格为他的聪明才智和创造力而赢得金钱上的掌声。

推销是创造每一笔财富的基石。

法则
052

想想别人眼中的你

如果你的财富计划意味着你要出售任何东西，比如你的时间、你的产品、你的服务或其他任何东西，你需要成为那种让人们心甘情愿从你这里买东西的人。如果你想真正变得富有，你需要考虑你自己，以及你要如何非常努力、非常诚实地给人留下深刻印象。你需要知道其他人是如何看待你的，如果有必要，调整你的形象以适应你的业务范围。

你会从一个穿着破牛仔裤、连帽衫、人字拖且嚼着口香糖的人那里买养老金吗？确实不会。你会报名参加一个穿着三件套西装、梳着遮秃发型的人的冲浪课吗？当然不会。但是，把这两个人交换一下呢……现在我们来谈谈别人眼中的你。

当然，这不仅仅是指你穿着的方式。重要的是指你的个性、你的举止、你的态度、你的正直、你的沟通技巧、你的组织水平，还有你开什么样的车。你是在早餐时开会，还是在酒吧边喝酒边开会？你有多开放和坦诚？你的文书工作是高效、令人敬畏，还是根本达不到标准？你回电话的速度有多快？你是积极地推销自己，还是含蓄地推销自己？你是傲慢还是谦逊？你承诺了什么？你是否能让人开怀大笑？

你要有意识地从各个方面深入思考你那自成一格的形象，不要听天由命。问问你的朋友（你信任的实诚人）对你的印象如何，也听听同事和工作联系人的反馈，无论是直接的还是暗示的，都可以。当然，他们可能不完全诚实，那就准备好解读言外之意吧。

无论你做什么，你都必须是真诚的，因为诚实和虚伪都是易暴露的。哦，做到真诚并不难，你不要构建一套虚伪人格，你只需保证自己拥有正确的技能（易于交流，擅长数字，或者其他什么），然后确保你会展示一些人们想看到的你的真实个性。如果你连这个都不会，那你究竟在努力干什么？

我有两个非常亲密的朋友（一对夫妻），他们是我认识的最有趣的人。他们用他们敏锐的、略带颠覆性的幽默无休止地逗我开心，和他们一起度过的夜晚总是很有趣。他们的工作是什么？他们是葬礼承办人。当他们在工作时，他们会隐藏自己的幽默感，除非他们的客户明显享受幽默氛围。但他们性格的另一方面也闪耀着光芒，比如，他们关心、体贴、富有同情心。这是他们诚实和真诚的一面，但不是他们的全部优点。

———————

确保你会展示一些人们想看到的你的真实个性。

法则
053

不要相信自己总能赢

现实生活中有一大堆你搞不定的人和事，所以，你最好悠着点儿。这些人和事包括博彩公司及任何试图从你赌博中捞钱的人（比如赌场老板、玩牌高手、赛马场、在线赌博网站等），还有税务机关、测速摄像头、政府、你的母亲、计划当局、警察、你的孩子等。

《达·芬奇密码》（*Da Vinci Code*）的作者丹·布朗（Dan Brown）曾被另一本书的作者们起诉，因为他们认为丹·布朗抄袭了他们的作品。他们输了。他们输得很惨。包括成本，他们总共损失了约175万英镑。

他们可能非常相信他们的起诉是有道理的，但是，有没有人告诉他们，他们不可能赢呢？我非常好奇，是否有人建议他们不要继续打官司，因为他们很可能会输。

你与赌徒、律师、会计师之类的人打交道时要非常谨慎，因为他们知道你不知道的很多事情。他们拥有的秘密可以让他们（如果他们选择赚你的钱的话）纯粹因为你的无知而从你身上赚钱。

请不要对我说教，不要试图改变这个大家共享的局面。这些都是生活的事实。你和他们一起生活，你和他们一起工作，你摆脱不了他们。你不可能打败博彩公司。问题是，那些可怜的、无辜的、容易受骗的公众打开钱包走进来，喊着"请自便"。然后，他们抱怨自己破产了，没有人给他们机会，没有人喜欢他们，这不是他们的错。记住，外面有鲨鱼。所以，你自己不要流血，以免招来鲨鱼。

记住，外面有鲨鱼。

所以，你自己不要流血，以免招来鲨鱼。

法则
054

不懂就不要炒股

　　本条法则讲炒股，下一条法则讲股票市场。在你阅读下一条法则之前，我要指出的是，那条法则可能根本不适用于你。你最好全部略过。如果你真的不懂股票市场，那就不要投资股票市场。本条法则基本上可以告诉你要不要阅读下一条法则。

　　除非你懂炒股，否则不应该炒股。这话说得很好。可是，做什么事总得有第一次吧？这难道不像生孩子或跳伞一样，你只需要边学边做就行了吗？嗯，是，也不是。你看，有些人了解自己正在做的事情，我想，他们不是天生就知道的，所以，在做某事之前，一定要学习和研究，这样才能把准备工作做到尽善尽美。

　　所以，你要了解股票和股份的相关知识。那么，你怎样才能不吃亏呢？其实很简单。当然，你可以做所有的常规工作，比如阅读报纸上的财经版块，与比你更了解金融的人交谈并征求意见，观看相关电视节目，购买相关书籍。继续前行吧，你会发现所有这些东西都是无价的。但即便如此，你怎么能完全确定你真的理解你读过、听过和学过的所有东西呢？

那就来一场演习吧！就是这样。你要准确地决定把钱投在哪里，但不要真的投钱。你只要关注市场。看看你想象中的投资会产生什么后果。你要跟踪投资进度，决定何时卖出，然后看看价格会发生什么变化。

把这些都记录下来。你只发现某些事情发生的可能性，但不能确定是否真的会发生，这样也有利于你的预测。记录一下你在想象中买了什么、什么时候卖、预测了什么、当初设想的投资会让你赚多少钱（或损失多少钱）。

你要经常这样做演习。不要只演习一次，要演习多次。你要关注很多公司，并持续几个月或几年。你要计算你的命中率、你的损失、你的准确度。然后，当白纸黑字的笔记可以证明你真的懂炒股的时候，你就可以正式投资了。即便如此，一开始你也要保持小额投资。当你真正投资的时候，情况就不一样了，你可能会无意识地改变你的策略，所以，继续做笔记和记录，不要让自己忘乎所以。

_____

你要准确地决定把钱投在哪里，
但不要真的投钱。

法则
055

了解股票市场是如何运作的

人们购买、出售和交易他们在公司中所做的投资（称为股票）。那么，这一切是如何运作的呢？更重要的是，怎样操作才有效呢？

最后一个问题的简单答案是"低价买入，高价出售"，但你不知道还有更多的事情要做吧？决定买什么、花多少钱、什么时候买进（然后卖出）的问题一直是相关书籍的主题，所以我将集中精力介绍几条"选股法则"。首先，要了解真正起作用的两个因素——股票价值和炒股投机。

就我个人而言，我认为经济学家的存在是为了让占星家看起来更体面，但我并不反对引用他们的话，其中被引用的话最多的一位——约翰·梅纳德·凯恩斯（John Maynard Keynes）——曾经说过选股就像选美比赛。

当他这么说的时候，他并不是说股票经纪人应该放弃他们的西装，换上泳装，并宣称自己渴望与儿童或世界和平事业并肩作战。他指的是过去由伦敦报纸举办的一种英国选美比赛，在那种比赛中，读者可以通过选出被大多数读者认为是最美的美女来赢得奖品。这并不意味着要挑选出最美的，甚至也不是预测普通读者心中的"最美的美女"，而是预估普通读者评选的平均概率。凯恩斯认为，这就是股市的运作方式。投资者试图通过购买他们认为其他投资者将来会买的股票来赚钱，他们准备支付的股票价格与其说取决于公司的基本价值，不如说取决于他们对其他人愿意支付价格的预测。这就是炒股投机的本质，这就是为什么股票的基本价值和价格在任何一天都可以如此不同。

如果你想观察大众心理的作用，炒股投机是很有趣的，但股票市场变幻莫测，炒股不是致富之路。股票的风险超乎你的想象，除非你真的懂炒股。所以，在你确定自己理解了炒股法则之前，不要开始玩这种烧钱游戏。但如果你真的想在股市中积累财富，那么我的建议是：慢慢致富，但一定要有价值。要屏蔽掉所有的噪声和喧嚣！要忽略掉那些整天搞事情的八卦新闻！要远离那些根据昨天的情况预测明天价格走势的"已被证实"的技术（说什么技术分析！不要被听起来合理的标签所迷惑，那根本不理智）！坚决抵制！抵制那些为了快速赚钱而买进卖出股票的诱惑！如果你打算投资股票，就要寻找有价值的公司。比如，公司的股价不能反映公司的价值，公司会生产或出品一些人们认为未来更有价值的东西，公司的价值得益于投资基金而增值！所有这些内容，我将在法则056中详细讲解。

一旦你发现了那样的股票，就买进，除非基本面发生变化，否则就长期买进。一边等待股票增值，一边观看财富积聚。

所以，你要以合适的价格买到合适的股票，不要随大流，要找到价值所在。"说起来容易做起来难！"你说得对。这可能需要大量的研究，但如果你遵循下一条法则，你可以让选股变得更容易。

法则
056

只买你了解的股票或其他理财产品

这是另一条需要你铭记在心的法则。购买股票或者其他任何为了赚钱而出售的东西只是另一种形式的赌博。当我担任赌场经理时，大家都知道赌场是有等级制度的。最底层是那些排列着老虎机和弥漫着喧嚣气氛的地方。最顶层是绅士俱乐部，那里全是烟熏玻璃和漫射灯光。来这里的人当然承认这个等级制度，并觉得后者在某种程度上"更干净"。同样，大多数人认为，股票市场在某种程度上更精致、更复杂，因此没有风险、赔率或危险。但这一切都是赌博。没有什么是确定的。

如果你打算在股票或任何你想买卖的东西上赌博，那么，尽可能地减少赔率，只投资或购买你知道和理解的东西。这样，你可以消除许多神秘感，这些神秘感可能会导致你投入比你预期更多的资金，承担你通常不会承担的风险，或者被圆滑的营销噱头所迷惑。

如果你在玛莎百货（Marks & Spencer）购物，看到新的产品系列很好，商店人满为患，听到人们对玛莎百货今年的进步赞不绝口，那么，就买玛莎百货的股票吧！你可以继续研究这家商店，听听人们的购物体验，你很快就会明白这项投资是不是依然划算。

　　只是要小心一点，你要知道自己是用理智的头脑还是冲动的心在投资理财。我有个朋友只投资绿色环保公司。他带着一种道德优越感招摇过市，他相信这样做就买到了一张通往天堂的门票。他没有思考自己是不是既用头脑又用心在投资理财。如果你发现了你喜欢的东西，要弄清楚你是出于商业原则投资，还是仅仅因为你想投资。如果你经理性分析后认为风力发电是未来的趋势，而且将是一个不断增长的、回报丰厚的行业，那么，很好，你可以理智地、用心地投资了。

　　如果你不太了解某个行业，也不打算花时间去了解它，那么，投资其他行业肯定会更好。如果你想投资股票，但不想自己做所有的功课和做所有的决定，那么，你可以使用投资基金（参见法则 058）。

———————

尽可能地减少赔率，
只投资或购买你知道和理解的东西。

法则
057

带着脑子去投资

你读这本书的原因是你想变得富有，对吗？你做的所有财务决定都是为了尽可能多地赚钱。这条路上的每一步都只是在你的财富阶梯上又迈进了一步。

所以，任何财务决定都不要基于财务价值之外的任何东西，千万不要三心二意。确保你的头脑主宰你的心。如果你选择要投资的股票，这可能并不难；但是，当你购买房产，或者你想买卖旧车、古董或任何你喜欢的东西时，这可能很难。

我并不是说你不能买你喜欢的东西，但你必须决定你的财富中有多少是你想用来享受的，有多少是你要为以后存起来的。但是，如果一笔交易的目的是投资，当你的主要目的是赚钱时，不要让自己被个人品位所左右。如果那辆漂亮的老款路虎一系需要比新款路虎卫士做更多的保养才能出售，而且最后卖不出更多的钱，那就买一辆路虎卫士吧。我知道你做这个决定很艰难，但你必须这样做。

同样，如果你要买一套投资性的房产，比如，买后出租，不要仅仅因为房子在你想住的地方就选它。你不是住在那里的那个人，所以你需要根据经济因素而不是你自己的喜好做决定。哪个房产会给你最好的回报（扣除成本后）？这就是你要知道的。

　　听着，我不是从个人角度告诉你该做什么或不该做什么。我只是在解释如何致富。这就是你买这本书时问我的问题，这就是我现在要告诉你的答案。最富有的人是那些用理智的头脑而不是冲动的心去买东西的人。你爱怎么做就怎么做，但别说我没告诉过你。

任何财务决定都不要基于财务价值之外的任何东西。

法则
058

依靠投资专家，但不要被专家利用

根据法则 055，你可能已经猜到，大多数自己选股票的人都认为自己能看到别人看不到的价值。当然，我们不喜欢太频繁地查看投资记录来做判断，我相信许多财富法则玩家都做出过愚蠢的投资决定。如果你不相信自己每次都能做出明智的决定，或者你只是想把偶尔的投资决定留给自己，让比你知道得更多的人来做其余的决定，那么聘请专业人士是可以的。但你要确保自己明智地听取专家的意见。

现在，请注意一个非常重要的事实。专业人士会告诉你，他们可以拿着你的钱积极投资，跑赢市场。他们确实能跑赢市场。他们甚至可能制定了一些彩色的图表，向你展示他们每年是如何战胜市场的。当然除了去年（那只是昙花一现，一个短期的调整，你懂的，每个人都因那次调整而蒙受损失，但明年……）。只要在这里签个字，坐下来等着，你就会连胜，你的身价很快就会超过沃伦·巴菲特（Warren Buffett）。听起来好得令人难以置信？是的，这是一厢情愿的想法，也是有缺陷的逻辑。

简单地说，如果有人做得比平均水平好，那么，一定有人做得比平均水平差。有些大公司把大部分资金都投到了市场上，但它们打败了谁呢？它们自己？没错，这是投资行业中丑陋的小真相。在任何一年里，有些人会获利，有些人会亏损，但从长期来看，大多数时候，市场会战胜大多数人。哦，我相信他们中的许多人都很努力，他们真的很努力，但最终，大多数人的赚钱速度都赶不上市场变化。所以，不要为他们的试验买单。

问问你自己。如果你像大多数人一样，阅读宣传手册，听取顾问（收取佣金）的意见，买入一只旨在跑赢市场的基金，那么，有什么东西肯定会高于平均水平呢？是回报，还是成本？你知道这个问题的答案，不是吗？

如果你想让别人帮你把钱投入市场，而不是把一大笔钱放进别人的口袋，那就简单点。

如果你没有时间或信息、知识来仔细研究最好的主动型基金，那就遵循"少即是多"的法则（通常更便宜）。把你的信任放在那些不会向你收取高额费用的基金上，因为它们承担了巨大的风险，并采用了一系列聪明的策略来击败精选指数基金和追踪基金。选择那些让你以最少的麻烦和最少的成本投资的人管理的基金，因为这些基金管理的股票范围很广，可以复制市场行情。选好之后，安心地去吃个午饭。然后，你可以在晚上安然入睡（或继续阅读这本书），因为你知道，你的钱在市场上默默地为你工作。

———————

但最终，大多数人的赚钱速度都赶不上市场变化。所以，不要为他们的试验买单。

法则
059

如果你想获得理财建议，那就付费

天呐，有很多人在等着，想给你经济上的帮助、建议、信息、提示和指导。太好了！如果你想保住你的财富，尽早学会谨慎听取别人的建议。

当你需要建议、帮助、指导时，你可以向两类人求助。第一类人是技术娴熟的专业人士，他们持有赔偿保险，所以，你可以起诉他们，并获得赔偿。他们给你错误的、不合乎事实的或伪造的信息的可能性非常小。如果他们坚持自己的建议，你应该确保有相应的规定，以便在出错时得到补偿。这会让他们保持警觉。你付钱给他们，就是在授权他们跟你谈谈你的致富途径。

第二类人是非常富有的人。听听他们的说法，除非他们发的是不义之财，比如中了彩票、继承了遗产等。

这是你仅有的两种选择。那些对你关闭的渠道包括朋友和家人、善意的熟人（即使他们自己有点小钱，你也不要向他们征求意见）、电视节目、互联网和"高街银行"。

你必须确保任何财务建议都来自那些拥有公认资格的专业人士，或者是某个强大组织（包括非常富有的俱乐部）的会员。你要确保他们知道自己在做什么。纺织业的百万富翁乔·海曼（Joe Hyman）曾经说过，按诚信排序，银行分为三类："高街银行"、江湖骗子和投资银行。

根据我的经验，顾问有两种：①阻止你出洋相的人；②在你出洋相之后告诉你的人。你想要前一种，但你会得到很多后一种顾问。

说到专业的财务顾问，还有另外两类：①为你处理财务问题的人；②向你推销理财产品的人。请你像躲避瘟疫一样躲避后一种财务顾问。

你聘请的任何财务顾问都应该是独立的，也就是说，他们不应该被限制在他们工作的公司提供的有限产品范围内提供建议。这是买一套现成的西装（哪怕是最合身的）和定制一套完全符合你要求的衣服的区别。

你必须确保任何财务建议都来自那些拥有公认资格的专业人士，或者是某个强大组织（包括非常富有的俱乐部）的会员。

法则
060

你要对互联网了如指掌

我们上一条法则刚刚确定，如果你需要理财建议，就得付费。因此，你不会从互联网上获得理财建议。这并不是说提供这种服务的网站很少，而是意味着你不必接受它。有些看上去方便且免费的服务并不可信。互联网的特点是很容易藏东西。这是任何想藏东西的人都会被吸引来的地方。有些网站可以引诱你进去，吸干你，然后再把你吐出来，而你甚至不知道罪魁祸首是谁，也不知道你去过哪里。每个想要诈骗的人都会在网上进行。

话虽如此，互联网还是一个很好的信息来源。并不是所有的数据都是可靠的，但你肯定可以用它来跟踪股票和股份，或者确认你想要再次核实的信息，或者查找公司信息，或者查看汇率。

这也是一个很好的收入来源。不，不要推销快速致富的计划（可能有用，但会让你睡不安稳）。然而，许多基于网络的公司都非常成功。你可以使用社交媒体和其他在线平台来推销你的业务或接触你的客户，或者通过博客和视频渠道推销你自己和你所做的事情。这是非常便宜的，虽然没有收入保证，但通常成本最低，当你开始你的财富创造之旅时，互联网营销可能成为一个不错的小副业，为你的投资创造一笔额外的资金。所以，互联网没什么可怕的，只要你把眼睛睁大了。

既然我们身处虚拟世界，那就来谈谈加密货币吧。我想你已经意识到这些可能是不稳定的，虽然有些人在加密货币上赚了数百万美元，但许多人却损失了数百万美元。比如，南威尔士有一个人花了数年时间试图让当地议会允许他挖掘当地一个垃圾填埋场，因为他在2013年不小心扔掉了一个包含比特币的硬盘，他的损失超过2亿英镑（这是我写这条法则时的数额）。而当地议会对此不予理会。

从本质上讲，就像我提到的许多其他事情一样，除非你真的了解自己在做的事情，否则，大量投资加密货币是一种不明智的投资形式。我还建议你在投资前仔细研究一下比特币对环境的影响。"比特币挖矿"每年消耗的电量相当于整个瑞典的用电量。随着时间的推移，更环保的方法可能会被开发出来，但目前我们中的一些人更愿意出于道德考虑而回避。

"比特币挖矿"每年消耗的电量
相当于整个瑞典的用电量。

法则
061

不要盲目调整

一旦你想出了一个策略，就不要盲目调整。盲目调整毫无意义，你不可能让事情变得更好，反而可能让事情变得更糟。不仅如此，如果你在短时间内调整，可能会招致很多额外的费用或罚款。你必须知道什么时候该放手。就像一句谚语说的："三思而后行。"仔仔细细地思考，并制订你的计划，做出你的决定。记得不要瞎改，不要瞎折腾。

"思"是指衡量可能性，寻求建议，考虑利弊。"行"是指根据所有信息采取行动。但是，一旦你决定行动，那就放手去做。一旦你制订了计划、目标、策略，确定了你的抱负是什么、你理想的彼岸在哪里，你就得全心投入。

人们很容易感到害怕或恐慌。我们都害怕失业、贫穷、金融陷阱、落后、负债。我曾有过这样的经历：被恐惧吓得瘫在一份工作上多年，因为我不相信自己能在这份工作之外生存下去。一旦我走出去，我就会干得很漂亮。我们总是这样。

计划需要酝酿，就像小鱼需要烹饪一样。一旦小鱼被放入锅中，你不要瞎搅和，否则它会碎；不要一直搅拌，否则它会碎。计划也一样，不要盲目调整，不要一而再再而三地改变想法。如果你继续这样做，最终可能收获甚少，更糟糕的是，你将在提前赎回费用等方面浪费金钱。许多投资都是长期的，瞎折腾意味着你会付出更多，或者无法获得全部收益。

当然，你应该密切关注事态发展和市场行情，但要坚持你的策略，要做好功课，然后尽快离开。不要惊慌，不要瞎折腾。

———————

一旦你决定行动，那就放手去做。

法则
062

想得长远一些

在投资方面，你不能花太长时间瞎折腾（参见法则 061），因此，你也不能玩短线游戏。你必须想得长远一些——无论是你的计划，还是你对投资回报的期望，你都得从长计议。

如果你期待突然变富，那就去买彩票，祝你好运（好运不常有）。获得财富是一个缓慢的过程，这是理所当然的。如果你得到得太快，就没有时间去获得经验和感觉。挣钱太快了，你就会不断地挥霍。

你要想得长远一些，也许你的思维速度非常快，而你周围的世界却缓慢得令人难以置信。就像人们形容的，"轻轻地、柔柔地抓猴子"。试过拍苍蝇吗？苍蝇的眼睛和我们的眼睛不同，它们基本上能看到快进的东西。当你举手的时候，它们已经预测到你的动作并逃之夭夭了。你必须开发同样的能力。你必须在事情发生之前预见到它，而做到这一点的唯一方法就是想得长远一些。

你可以把获得财富想象成跟踪一只顽抗的老虎。它会小心谨慎，而你必须巧妙地、悄无声息地、几乎是充满爱意地跟踪它。跑上去对它大喊大叫是没有用的，它要么转过身来杀了你，要么跑掉。不要着急，慢慢地、悄悄地、蹑手蹑脚地跟上去。任何突然的动作都会吓到这只狡猾的野兽。

在《工作：从平凡到非凡》中，我谈到了制订各种有效的计划——短期计划、中期计划和长期计划，投资也是如此。你需要做短期投资，这笔钱你可能在不久的将来就会用到。你需要做中期投资，希望在 5 年或 10 年内实现回报。你需要做长期投资，这些投资将获得更大的回报，但在更遥远的未来才能实现。

我知道，在法则 038 中我说过要果断和迅速行动，现在仍然如此。但前提是你要有长远的眼光，你要做的就是权衡、考虑、思考和评估。武士只砍下一刀，但这一刀是他们一生的心血。

从致富的角度来看，5 年后你会在哪里？ 10 年后呢？ 15 年后呢？ 20 年后呢？ 更久以后呢？

你可以把获得财富想象成跟踪一只顽抗的老虎。

法则
063

每天都要制订财富计划

你必须有自己的生活，也必须获得成功。根据我的观察，快乐、富有的人在做财务规划时也遵循这 4 项原则：

1. 他们设定目标，然后着手去做。
2. 他们不会盲目调整，不做太多的修补工作。
3. 他们倾向于在一天中的同一时间进行财务规划（我并不是说每个人都在早上 9 点工作，而是每个人都倾向于在一天中的某个特定时间工作，无论是早上 10 点半还是午夜）。
4. 他们可以从财务计划中抽身休息一下，享受工作之外的生活，这让他们精神焕发，充满乐趣。

你需要每天固定一个时间，原因有二。第一，它确保你积极地管理你的财富，而不是每年只查看一次你的钱包，然后哀叹"哦，天呐"。反过来，它意味着你不会盲目调整，整天都在修修补补（正如我们所说的，这是一个坏主意）。第二，这意味着你可以利用自己的自然生物节律，在你最聪明的时候投入努力。如果你是一个早起的人，你会想要早点开始你的计划；如果你是个夜猫子，那么晚上你可以充分利用自己最敏锐的思维。

每天在固定的时间段，你可以做计划，并写进日记，然后腾出时间去执行。如果你不这样做，你的时间就会被遗忘或被用来做其他事情。例如，你总是在早餐后花半个小时做计划，然后，做计划就变成了一种固定日程，如果不做计划，你会感到莫名其妙的不安。是的，即使是在假期，你也会有所不适。

在每天相同的时间（用时也相等）制订你的财富计划，意味着你可以把事情分成可管理的部分，而不会不知所措。你可以工作一段时间，然后休息一下，把今天的工作抛在脑后，然后在第二天的同一时间继续工作。事情会一点一点地改善。相信我，我在你之前已经体验过了。

———————

事情会一点一点地改善。

法则
064

关注细节，重复练习

　　我恐怕最不擅长的就是关注细节了。但我的解决方案很简单。我雇了一个人来管理我的生活，他是一个非常擅长关注细节的人，会照顾到方方面面的细节。是的，这是管理细节的昂贵方式。你最好从一开始就训练自己，注意自己的细节，节省开支。

　　细节并不是记录你的每一笔小开销，也不是让你花点小钱还要抠抠搜搜的。我们已经发现（参见法则 035），不喝咖啡不会让你富有到超乎想象的地步。细节是：

- 细瞧一下小体印刷的细则。
- 查看利率。
- 检查费用。
- 及时检查你的付款情况，这样就不会招致罚款。
- 查看你的工资何时发放，以及你是否及时投资，以免你的钱被闲置。

- 不要忘记别人。
- 不要忘记日期、时间和约会。
- 列清单，把所有事情都写下来。
- 记得询问信息。
- 记住要问一般性的问题。
- 记住做好所有的交易记录、购买记录和销售记录。

这只是肌肉训练。你对肌肉训练很在行吧？当你在进行任何一项运动的训练时，如果你足够频繁地重复一个动作，你的肌肉就会记住这个动作。你重复的次数越多，事情就越容易，你需要付出的努力就越少。

这有点像开车，一开始很难，但一段时间后，手动挡就像变成了自动挡。我是在法国写的这条法则，我已经习惯了靠右行驶，以及开左手驾驶的车。我不得不集中精力对孩子们大喊大叫，因为我无法想象他们是不是在后座上互相打得热火朝天。这有点像重新学了一遍开车。再加上所有的标志都是法语，学起来很费劲，但学起来也快。英国人在法国开车会变得越来越容易，也越来越常规。我不必再去想怎么开车，我开始欣赏沿途的风景，享受我的旅程。

你最好从一开始就训练自己，注意自己的细节。

法则
065

创造新的收入来源

说到创造财富的策略，明智地投资和积极地管理钱财是很重要的，但没有什么比一开始就能赚更多的钱来得重要。每个人都能从思考自己的收入来源以及如何创造另一种收入来源中受益。

这有点像街头艺人，要有好几个表演场所。如果一家公司被证明无利可图，你可以打包走人，转投其他公司。但是，你要做的不是打包，而是复制你自己。如果你愿意，那就克隆一个你自己，不仅继续街头表演，而且同时在好几个地方表演。你扮演的角色越多，带来利润的可能性就越大。

听着，不要就这么相信我的话，你自己去看看吧。看看你崇拜的任何一个富人，看看多样化挣钱是不是他们获得更多财富的工具。富人通常有好几个赚钱的计划。

这对那些热爱自己的工作但薪水不高的人来说尤其重要。你需要的是另一种收入来源。

有几种方法可以做到这一点。第一种方法是将剩余的现金转化为对你有用的资产，即使你不在那里也能带来收入。买房出租的租金就是一个例子，或者从你购买的股票中获得年度股息。

另一种创造新的收入来源的方法是找到在多个环境中使用你的技能和专业知识的方法，这样你就不只会用你的劳动来换取日常工作的薪水。这并不意味着你必须辞掉你的日常工作。这可能意味着做一些自由职业，可以是同一领域，也可以是完全不相关的领域，但你有相关的技能和专业知识（也许你有一个爱好，这意味着你有其他可以使用的技能和专业知识吧）。有没有什么东西是你可以传授或提供咨询的呢？或者，有没有什么东西可以让你做成生意？

当我说"创造"新的收入来源时，我的意思是为你创造另一份收入。这也可能是市场上的旧产品。你只要确保最大限度地利用你所有的技能去创造新收入，你正在积极地投资那些可以为你赚钱的资产，而不需要你同时亲临好几个现场（你不能克隆自己的身体，我懂的）。

富人通常有好几个赚钱的计划。

—

多问几个"如果……怎么办"

在决定如何赚钱和如何投资时，你需要问自己很多"如果……怎么办"的问题。

下面是我列出的问题：

- "如果再次出现经济衰退怎么办？"
- "如果这家银行破产了，我的钱拿不出来怎么办？"
- "如果这些股价突然急转直下怎么办？"
- "如果金价暴跌怎么办？"
- "如果我所有的客户都去其他地方购买更便宜的服务或产品怎么办？"
- "如果我被解雇了怎么办？"
- "如果房价触底反弹怎么办？"
- "如果石油耗尽怎么办？"

"如果……怎么办"提问法是一种我们都可以玩的游戏。现在，列出所有的可能性，以"如果……怎么办"提问。我称之为"钻空子"提问法，其实不然，这更像是一种"坑人的陷阱"。每次我开始赚大钱的时候，我就会想，在某个地方，有人在挖坑，让意想不到的事情发生，让特定的收入流迅速枯竭。富裕的部分乐趣在于，你能在掉进坑之前发现陷阱，并把钱拿出来进行另一项投资。你得考虑从哪里获得额外的收入，这一点很重要。这就是你需要扮演很多角色的原因。

足球运动员的例子可以很好地证明一个道理：把所有的鸡蛋放在一个篮子里是危险的。足球运动员在20多岁的时候就会被迫退役。前一分钟，他们赚了数百万美元，似乎处于职业生涯的巅峰，后一分钟，他们就摔断了脚踝，他们的梦想也被摔得稀碎。他们没有接受过其他方面的技能训练，因为他们从来没有想过他们可能需要两手准备。

"分散风险"是"如果……怎么办"的正解，你要拥有不止一种收入流，以及一个相当广泛的投资范围，无论发生什么，多问自己"如果……怎么办"。在这种情况下，你的处境要比把所有鸡蛋放在一个篮子里安全得多。"如果……怎么办"可以帮你把创造财富的风险降到最低。

"分散风险"是"如果……怎么办"的正解。

法则
067

控制消费冲动

破坏你创造财富的最可靠的方法就是出去把你赚到的或得到的所有东西（为了达到更好的平衡，你还要多花一点）都消耗掉。这种特殊的上瘾症状在我身上非常强烈。我把这一切都归咎于戒烟。因为不吸烟了，我的手现在没什么事可做，所以，摆弄信用卡似乎满足了某种深埋在心底的上瘾欲望。但是，如果你想把你仅有的一点东西变成更大的东西，你就必须抵制这种诱惑。忘掉买新车和享受假日阳光的想法吧！在一段时间内，你会变成一个守财奴，紧紧抓住你现在拥有的东西，为将来做准备，期盼那时你会拥有更多的东西。这意味着你必须控制你的消费冲动。

听着，我要告诉你一个秘密：致富是一场赛跑，是一种奖赏，是一条胜利的路线。我们一开始就想冲向它、夺取它。有些人甚至懒得跑上起跑线，因为他们被毫无帮助的信念压得喘不过气来，还没开始就被击垮了。很多人早早就因为懒惰而半途而废了。还有更多的人没能达标，因为他们被需要的艰苦工作吓倒了。而在目前的处境中，他们更有可能出岔子，因为他们屈服于诱惑，整天就知道花钱，就像没有明天一样。

嗯，明天就在眼前，而且来得很快。你瞧，那辆闪亮的新车现在看起来很糟糕，锈迹斑斑；假期已经过去，只有几张你甚至不记得的人和地方的照片；新衣服已经过时了，还没有穿过呢。

简单的事实是，富人知道如何控制自己的消费欲望，这就是他们富有的原因。当他们需要勒紧裤腰带时，他们就可以做到。

你也需要勒紧你的腰带。事实上，你首先需要做的就是不要松懈。我们在之前的法则中讨论过延迟的快乐，我希望你们现在已经理解了。控制这些消费冲动是绝对重要的，最好的方法就是不要立即购买任何东西。如果你看到了你必须要拥有的东西，那就等一个星期。你真的还需要或想要那个东西吗？如果你愿意自控，这种冲动很可能会过去。如果你在自己和诱惑之间留出时间和距离，你就会更难被诱惑。

富人知道如何控制自己的消费欲望，
这就是他们富有的原因。

法则
068

别搭理一夜暴富广告，暴富者不会是你

上次我在谷歌上输入"赚钱的机会"，我看到了超过 11.6 亿次的访问量。这虽然没有"性"[⊖]的访问量那么多，但仍然是"我们想要什么"的一个好指标。网页里有很多一夜暴富的点子。现在，相信我，这些点子确实有效。"什么？"我听到有人在嚷嚷了。是的，这些点子确实有效。但它们服务的对象不是你，也不是那些登录网页的穷朋友们，而是那些煽动者、初学者、启动这些暴富计划的人。[⊜]

20 世纪 80 年代有很多净水器传销活动。我被邀请参加了他们的几次会议，出于兴趣（我保证我已做了认真研究）而去，我惊讶于人们加入的速度，他们签署了一些承诺让他们用最少的努力赚到很多钱的东西。毕竟，除了把净水器卖给几个朋友和亲戚，

⊖ 当我在谷歌上搜索"性"时，访问量是 86.5 亿次，而"工作"的访问量是 232.2 亿次，太震撼了！所以，也许我们还有希望。

⊜ 上次我在谷歌上搜索"暴富计划"时，点击量高达 5940 万次。

他们还能做什么呢？他们都认为这很容易。那些报名参加的用他们的积蓄进行投资的人，那些得到承诺的以为可以获得无尽财富的人，现在都到哪里去了？有趣的是，我也找不到。

也许有几个人确实卖掉了一些净水器，但在这个过程中疏远了他们所爱的人。也许一开始有一些人确实赚了不少钱，但任何金字塔式传销骗局都是无法维持的，一旦达到一定水平就会崩溃，因为地球上没有足够的人来维持这场骗局。他们的工作原理是通过招募其他人加入骗局来获得报酬，这些人反过来又获得报酬来招募更多的人。你们都应该卖净水器或其他什么东西（你以低于零售价的价格购买），但很明显，用不了多久，你就没有顾客了，只剩下一堆昂贵的、卖不出去的净水器。

我喜欢伍迪·艾伦（Woody Allen）关于愚蠢的人与钱的说法：愚蠢的人最初是怎么搞到钱的呢？[⊖]

当我还是个孩子的时候，我记得我读到过一些骗局，这让我想到人们是多么容易上当受骗。第一种是杀虫剂骗局。你付了5英镑（可能是英镑或美元或其他什么）去买一个保证能杀死任何家庭害虫的灭虫器，包括跳蚤、蟑螂等。你得到的是两个小木块，即 A 和 B，上面写着要抓住害虫并把害虫放在 A 上，然后用力按下 B。我不骗你。罪犯在被抓之前赚了很多钱。第二个骗局是有人在丝绸危机期间提供"一码丝绸"，收取类似的小额费用（注意，金额总是小到足以诱惑你），你得到的是"一码丝线"，他们

⊖ 当然，这可能不是伍迪·艾伦说的，但确实有很多人引用他的话，尤其是那些关于金钱的愤世嫉俗的话。伍迪还说（这次绝对是他说的），如果只是出于经济原因，富有总比贫穷好。

从未保证丝绸的宽度，丝线也属于丝绸，没毛病。

现在你可能认为自己太聪明了，不会被这种明显的骗局所欺骗。是吗？嗯，这些骗局并不都那么明显，你可能不相信那些非常聪明的人也会签署暴富计划。没有一夜暴富的计划。跟我念一遍：没有一夜暴富的计划！

————

愚蠢的人最初是怎么搞到钱的呢？

法则
069

赚钱的秘诀就是没有秘诀

正如世界上没有一夜暴富的计划一样，世界上也没有什么赚钱的秘诀。所以，不要去买那些所谓的发财秘诀，否则你会背负很大的压力。一旦你的注意力集中在致富上，各种各样的工作机会就会不期而至。它们都愿意让你知道只有真正有钱的人才知道的秘密。

那些所谓的发财秘诀会向你提供非常昂贵的时事通讯，告诉你华尔街隐藏的秘密、如何在股市中获胜、如何投资并赚钱、如何将资金转移到海外账户以避税。而且，花费很低。你所要做的就是订阅 12 期月刊。

你猜怎么着？唯一被兜售的秘诀是：每分钟都有一个笨蛋诞生。现在你已然知道了这个秘诀，你也可以拒绝了。除了你自己，没有人能让你变得富有。世界虽大，却没有让你变富的神人。他们知道的并不比你多，他们可能不比你掌握更多的信息。

赚钱的秘诀就是没有秘诀。你买了一件东西，如果你卖得比你付的多，你就做得很好。这适用于金融世界的一切——股票、股份、投资、房地产、投资组合、国际审计准则（ISAs）、预算基金、金融管理、大宗商品期货、富时指数（FTSE）、黄金储备和海螺壳。

我们必须学习的第一条法则是：只有勤劳的人才能致富。你现在明白为什么了吗？你必须付出一点努力，通过研究富人来学习如何做到这一点。如果你认为有捷径，比如，购买一夜暴富的计划或发财秘诀，你不仅会失望，还会比你没有投资这些垃圾东西更糟糕。懒惰的人不仅不会致富，还会因为寻找这样的捷径而变得更穷。

除了你自己，没有人能让你变得富有。
世界虽大，却没有让你变富的神人。

法则
070

要阅读，也要行动

我想，是时候卸下你背上的包袱，做点实际的事情了。阅读这本书是一个起点，但除非你真正采取行动，否则毫无意义。阅读这本书的时候，你可能会想："哦，我知道！"或"这太明显了……"好吧，你知道这个道理，但你真的采取行动了吗？当然，部分法则是显而易见的，但这是否意味着你已经搞定了呢？对于我们大多数人来说，我们所知道的和我们所做的之间存在着巨大的差距。光看这条法则是没有意义的，你必须采取行动，不管这条法则激发了你什么想法，你最好付诸行动。

你想慢慢来就慢慢来吧。我确实明白，改变方向往往很难。培养新的性格特征可能会很痛苦。从改变你看的和读的东西开始，从简单地阅读或观看一些商业新闻开始。首先，改变你对财富的认识，以及了解你的财富观念是如何影响你与财富的每一次互动的。

改变心态的方法就是改变你表现自己的行为和方式。

- 注意你谈论和思考财富的方式。你是赞美财富的许多优点，还是诋毁财富是邪恶和消极的东西？如果你开始大肆宣扬财富，你会惊讶地发现获得财富的速度很快。
- 注意走路的姿势。你是不是无精打采，摆出一副听天由命的样子？还是你挺直了腰杆，摆出自信的姿态，就像你很渴望改变似的？（参见法则 024）
- 注意你的整体形象。总是以贫穷为借口，人们会认为你很穷，并据此行事。最好的做法是表现得好像你已经很富有了，人们会相应地调整他们对你的看法和对你的反应。

许多人会半途而废，尽管他们声称他们想要变得富有或更富有，但他们这样做并不是因为缺乏欲望。相反，这是由于缺乏动力和缺少行动。所以，现在就开始，就在此刻，就在今天！

改变方向往往很难。

培养新的性格特征可能会很痛苦。

第三章

我想更富

　　一旦你有了一些资金支持，整个事情就会变得容易一些。钱能生钱！在古董拍卖会上，50 英镑淘不到多少便宜货。但如果你有 5000 英镑，会有更多的选择。困难的是第一个 100 万。但说真的，一旦你开始走向繁荣致富路，你就会坐下来休息一下，并开始数你的战利品，这可不是一个好主意。这样你的财富会消失得更快。相反，你必须变得更灵活、更迅速，保持警觉，更忙碌、更专注，千万不要在关键时刻掉链子。

　　当你开始变得富有时，你可能需要召集一些顾问在你身边，他们必须是你可信赖的人，最重要的是，你可以倾听他们的意见。原因是什么？因为随着你的投资和资本的增长，你将需要建议和帮助来推动事情进展。显然，你可以倾听，但你需要对自己将要做的事情做出最终的决定。

　　不要坐享其成，这意味着你必须寻找隐藏的机会，让你的财富更上一层楼。你必须跟上当前的发展，依靠你的直觉，了解市场，知道你拥有什么，清楚你可以消费（或投资或储蓄）什么。

　　现在是时候加大机会主义的力度了。请横向思考，不要随波逐流，要有创造力和创新精神。如果你想变得富有，做别人都在做的事情是没有意义的。

法则
071

定期进行财务健康检查

如果你想增加你的财富，对你的银行余额保持一个清楚的认识是至关重要的。你应该定期进行财务健康检查。我个人认为，应该每周做一次财务健康检查。当然，你可以按照自己的意愿来做，如果这意味着每月甚至更长的时间，那么，这完全取决于你，但我不建议你做得太久。

我的观察是，你对自己的财务状况把握得越紧：

- 你对变化的反应就越快。
- 你需要用来做决定的信息越多。
- 事情在你不注意的情况下发生严重错误的可能性就越小。
- 你对自己的财务状况越关注，也就越感兴趣。

很抱歉，你必须遵守纪律。你必须找个固定的时间坐下来休息一下，然后：

- 进行银行对账。

- 列出你的债权人和债务人。

- 检查信用卡余额和收据。

- 检查未付款项，也就是那些你已经授权但尚未到达银行的款项。

- 预估一下未来你有多少收入，以及未来你可能会有哪些主要支出。

- 检查你的订单。

- 检查养老金交纳情况。

- 检查投资情况。

- 检查所有的贷款。

- 检查是否有透支（我说过不要透支，但你也是人，透支是可能的，我懂）。

如果你不这样做，钱就会流失。你选择忘记债务，不等于你不必偿还债务。

你必须严于律己，养成习惯——每个星期一的早上都要坚持做检查。是的，一定要检查，即使外面阳光明媚，即使在假期，即使你感觉有点不舒服，即使有更令人兴奋的事情发生。因为如果检查不能让你兴奋的话，恐怕你无法支撑下去。

就我个人而言，我认为你应该知道你每天挣多少钱。你应该知道在接下来的一年里你可能会面临哪些大额支出，其中包括最常被遗忘的一项——税单。你要像盯着鹰一样盯着那个"小宝贝"，千万不要在关键时刻掉链子，因为每一张税单都会让你吃尽苦头。

————————

你选择忘记债务，不等于你不必偿还债务。

法则
072

找几个理财导师

不写书的时候，我确实有一份正经的工作。事实上，我有好几份工作，都涉及经营企业。说到经营企业的相关知识，我可不是傻瓜。我知道，有些知识我应该知道，但我不知道。肯定还有很多知识，我都不知道自己不知道。我的解决办法是用别人的知识来填补我自己的知识缺口。我有几个理财导师。事实上，我在各个方面都有导师，但我们现在只讨论金钱方面的问题。

为什么要请理财导师呢？

- 他们带来了更广泛的经验。
- 他们让你以清晰简洁的形式表达你的想法，这让你对你正在做的事情深思熟虑。
- 他们会让你证明你所做的事情是正确的，这样你就很难像失控的炮弹一样乱飞了。
- 他们随时提供答案和建议，你可以向他们征询意见，他们可以遏制你的冲动，并且总会附上一句"你想好了吗"。

- 他们每个人将独立关注最新进展，这样你就可以从他们提供的知识中获益（有点像新闻采集服务）。
- 他们是独立的，所以不会在你的竞争中获得既得利益。
- 他们是独立的，因此他们忠诚、乐于助人，还会加入你的团队。

许多成功的企业家在创业之初都会聘请导师。他们会找一些在创业和经营自己的企业方面很成功的人作为导师，询问导师们是否愿意在新创业者刚开始创业时提供指导和建议（有时提供联系人，等等）。绝大多数有经验的商务人士都会同意担任导师。传授专业知识对他们来说很有趣。他们乐在其中。我听到有人说想提问：

- 我需要什么样的导师？
- 我在哪里可以找到他们？
- 我要花多少钱？
- 如果我不同意他们的建议，我可以忽略吗？

理财导师是那些通过自己赚点钱来证明自己有理财头脑的人，而不是那些靠继承遗产或彩票中奖变得富有的人。你看看你的周围，就能发现可以做你导师的人，他们就是你钦佩的成功人士们。如果你抛出橄榄枝，他们会感到受宠若惊的。[⊖]

一年的开销不应该超过四顿像样的午餐。你带他们出去吃

⊖ 不，此处的"他们"不包括我。确实有读者邀请过我，但我总是会拒绝。我知道自己能力有限（参见法则 075）。

午饭，作为回报，他们会给你建议、信息、意见、约束、支持和鼓励。

如果你不喜欢，你能忽略他们说的话吗？是的，当然可以。我有一次忽略了理财导师的话。就那一次，却让我付出了很大的代价。我公开向他们道歉，再也不会忽视他们了。

理财导师是那些通过自己赚点钱来
证明自己有理财头脑的人。

法则
073

培养你的预感能力

你要有预感，你要倾听自己的心声，你要跟随你的直觉，你要倾听你内心的声音，你要有直觉，你要对事情略知一二。这些都在说同一件事。有时候你还要：

- 知道有些事情很糟糕。
- 知道什么时候是绝对正确的。
- 需要点头默认并相信自己。

当然，有预感并跟着感觉走跟"像失控的炮弹一样乱飞"不是一回事。

预感就是直觉冒险，有着统一的格式，比你想象的要明智一些：

- 你要有预感。
- 调查一下，看看你的预感是否值得你追随。通常是值得追随的，但最好先检查一下。

- 准备一份精心设计的提案，提交给你的理财导师。
- 马上提交。
- 倾听并执行他们的建议。

嘀嘀咕咕地说"我有个绝妙的预感"是毫无意义的！如果你不能用事实和数据来支持你的预感，那么，这只是瞎猜。预感是灵感的突然闪现，是直觉的高光时刻，是聪明而辉煌的顿悟。这可以用事实和数据来证明。仅仅因为灵感是一种预感，并不意味着你不需要去研究和验证。你还需要准备一些数据和制订一个计划。有预感不会阻止你成为一个明白事理、心灵手巧和实事求是的人。

很多富人都是靠一刹那的灵感迸发而成功的。但他们随后就会将这些灵感化为汗水（抱歉），拼命工作，让梦想成真。我敢打赌，有很多人对他们说："你的运气太好了。"呸，可没有运气这一说。但在努力工作之后，你会萌生一种预感，那是梦想在召唤。

————

当然，有预感并跟着感觉走跟"像失控的炮弹一样乱飞"不是一回事。

法则
074

不要总想着坐下来放松一下

俗话说："没有什么比踩过的桂冠更容易枯萎。"这是真的。当一项投资成功了，或者似乎一切都得到了回报，我们就会忍不住坐下来放松一下。是的，我们可以这么做，但我们不想这么做。现在是时候加快速度并多包揽一些事情了；现在是时候环顾四周，制订下一个进攻计划了；现在是时候出击、投资、整合了。现在可不是你分心的时候。

我们都可以从沼泽中挣扎着爬出来，然后再回到泥里。但是，真正富裕的人一直在奋斗，直到他们永远摆脱了烂摊子。如果你休息一天，下滑就开始了，而且还会无情地继续陷下去。接下来的工作将会更加困难。我懂，我也经历过。

所以，你要加倍努力，重新点燃热情。让我们回去工作吧！

你不能总想着坐下来放松一下。富人不会安排计划外的时间出去玩、喝茶休息、午休、度假。他们的鼻子贴着磨刀石，肩膀贴着车轮，耳朵贴着地面，背贴着墙壁，手指按着脉搏，手头攒着任务，心里弥漫着一团火，手掌紧握着舵柄。艰巨的任务！他们工作更努力，享受更多的回报，但还有人说他们靠的是运气。

你必须继续做那些让你成功的事情。如果它是棵摇钱树，那就爬到树上摇呀摇，直到它拜倒在你的脚下。如果这是一次性的灵机一动，那就再来一次。如果这是一项艰巨的工作，那就继续做下去。如果你已经找到了一个成功公式，那就多挖掘一些类似的财富法则。但无论你做什么，都不要关掉能量的"水龙头"，除非水源已枯竭。即使那样也要开着水龙头，万一它又续上水了呢。

记住，不要耍小聪明，不要以为你无所不知。继续求教理财导师吧！你要比你周围的任何人都努力工作。你要保守秘密，加油干吧！

但不要忘记你是如何到达现在的位置的——地点、方法、计划、任务。记住，不要盲目调整，不要改变任何东西，除非你确定改变措施可以改善结果。千万不要让致富的小船说翻就翻。

现在是时候出击、投资、整合了。

法则
075

找个人去做你做不到的事

我请了几个理财导师，因为我对很多与商业和赚钱有关的东西一无所知。我还有很多我不知道该怎么做的事情要做。我可以学习，但这不是我的天赋所在。那么，既然有更合适的人可以做这些事情，我为什么还要亲自去学习呢？请做你擅长的事，让别人做你做不到的事。很简单。挑选真正优秀的人，让他们为你带来大笔财富。

现在有 10 条法则来确保你：找到并留住合适的人。

1. 确切地知道你想做什么，你想让谁去做。
2. 非常清楚你想让他们为你做什么，你会付多少钱，你会给他们什么样的参考。
3. 关心他们，他们也是人，而不是工具。
4. 让他们了解情况，激励他们，激发他们的忠诚度。
5. 告诉他们你的长期战略，他们也与你的未来及他们的未来息息相关。

6. 如果他们搞砸了（他们时不时会搞砸，我们都有搞砸的时候），那也没关系。"泰普勒先生，连你也搞砸了吗？"哦，也许不是我。知错就改是个好同志，你只需罢手去迎接新的挑战。你懂得谅解，这是一件好事。

7. 经常赞美他们，没有什么比赞美更能激励人的了（哦，对了，当然还可以采用物质奖励）。

8. 设定现实的目标，不要期待不可能的事情。

9. 树立一个好榜样，成为让他们尊敬和敬仰的人（没有人喜欢为一个混蛋工作），设定高标准，但你自己也要做到。

10. 记住，你是他们的老板，而不是他们的朋友。尽量保持尊严、距离和权威。

这样就可以了。你可能还会尝试、调整、实施和使用其他原则。所有这些原则都是可调整的，但具体怎么操作，完全取决于你。你只要确保善待你的员工，让他们过得开心就行。不要做一个麻木不仁、专横跋扈的老板。

目前我有一个很棒的会计。但她总是唉声叹气，因为我总是想方设法地去确认我没有多花冤枉钱去缴纳不必要的税款。我们不都是这样吗？但我只会向她提问。剩下的事我就完全交给她了，我们的关系还能维持下去，只是她常常唉声叹气。

────────

挑选真正优秀的人，让他们为你带来大笔财富。

法则
076

你要做合作伙伴、团队成员，
还是单干当老板

如果你要改变方向，从你现在所处的任何地方走向致富路，那么，你需要了解自己，比如：

- 你的优点和弱点。
- 你擅长什么和不擅长什么（与"你的优点和弱点"有区别）。

举个例子，我擅长大刀阔斧地工作，但在细节方面就不太擅长了。

明白我在说什么吗？你只需要非常了解自己，然后你就会在你擅长的领域充满自信，并利用你的优势。你可以在你薄弱的领域重新学习，也可以让别人做你不擅长的所有事情（或你还没有学习、调查或研究过的事情）。

然后，你必须知道自己是作为合作伙伴、团队成员的工作状态最好，还是单干当老板的工作状态最好。就我个人而言，我总是需要一个合作伙伴的稳定之手来遏制我在商业上的一些过度行为，即一种压倒性的冲动倾向。我有时有点不老练，鲁莽行事，在广告上浪费钱，不关注细节。然而，我在两人以上的团队中表现得非常糟糕。所以，我知道，如果有一个需要团队合作的商业机会出现，我可能会拒绝它，或者以某种方式调整它，因为我知道，如果我答应了，我就会把它弄得一团糟。然而，如果它需要合作伙伴，那我会更感兴趣。

我也很擅长独自工作。我很容易就做出决定（虽然不总是正确的决定，但至少我不会推诿）。我很高兴能长期和自己独处，也不需要为了让想法看起来真实而征求别人的意见。我可以独自旅行，也可以自言自语。明白我说的"了解自己"是什么意思了吧？

如果你想和其他赚钱的人一起前进，就必须做这个练习。你要问的问题如下：

- 我是自己做得好，还是需要别人在我身边？
- 我是否需要在团队中扮演一个角色，并且在这个角色中感到更快乐？
- 我能和一个值得信赖的伙伴很好地合作吗？
- 我知道自己的优点和弱点在哪里吗？我知道两者的区别吗？
- 我知道自己擅长什么和不擅长什么吗？

我的商业伙伴说我们合作得很好，因为我们是"智力和体力的组合"。唯一的问题是，我们都认为自己是智力，而对方是体力。唉，那就算了吧！

———————

我总是需要一个合作伙伴的稳定之手
来遏制我在商业上的一些过度行为。

法则
077

寻找隐藏的资产或机会

你必须成为一个安不忘危的、永不睡觉的、永不休假的机器。你要时刻保持警惕，时刻寻找隐藏的机会。睡眠是为那些懒惰的、好逸恶劳的人准备的。机智清醒、坐立不安、四处搜寻做事机会，是为那些如饥似渴的、效率高的、善于把握机会的人准备的。你身边每时每刻都有致富的机会，你所要做的就是敞开心扉去接受这些可能性，接受这些事件的魔力。

如果你想成为一名"寻宝者"，只需要记住 5 件事：

1. 你要记住时机的重要性。反应太慢，机会就没了；反应太快，你可能会吓到它。市场在变化，时尚在变化，而变化的产物在淡出。

2. 你要认真对待机会。每隔一天或只在早上保持机警是没有意义的。隐藏的机会只有在它们想要显露的时候才会显露出来。我总是把它们想象成害羞的小野兽，它们来到水坑里喝水。如果你想抓住一只，你必须非常安静且熟练地匍匐前进，伺机慢慢靠近。

3. 你的想法要奇特。如果只有几个隐藏的机会，那么，你需要脱颖而出。奇特、独特、特别、独创、罕见——怎么说都行，但你必须从"羊群"中脱颖而出。

4. 你要了解自己做的事情。财富和其他技能一样，需要学习。为了发现机遇并充分利用，你要给自己找最好的机会。你不可能拿起一张金融票据就说你从第一天就对它了如指掌。这需要时间、奉献精神和全心投入。如果你了解自己做的事，就能更清楚地看到机会。有一种管理技术叫作"SWOT分析"，这是"优点（strengths）、弱点（weaknesses）、机会（opportunities）和威胁（threats）"的英语首字母缩写。你要一直关注这4个方面。

5. 你要有吸引力。如果那只害羞的"野兽"从你身上嗅到了可怕的气味，它就会逃走。你必须穿得体面一些，身上散发着清新的气息；你要看上去很漂亮，仪态要端正，身上散发出迷人的光芒。

　　你有没有注意到，当你在考虑换另一个品牌或型号的汽车时，你马上就注意到路上有数百辆这样的汽车？它们以前在那里吗？当然！只是你从来没有注意过它们。可一旦你的注意力像一束狭窄的强光一样集中在一起，这些光芒就会聚集成一个清晰的焦点。

　　机会恰好有点儿像这样。一旦你开始注意机会，它就会出现在你的周围。你只需要启动一下或搜索一番即可。就像换汽车一样，你可以改变自己的关注点。

你必须唤醒"机会探测器"。一旦你这样做了，机会就会像魔法一样出现在你的周围。

————————

你要时刻保持警惕，时刻寻找隐藏的机会。

法则
078

不要急于致富

我已经说过，你需要考虑得长远一些。试图快速致富只会导致失望、过度焦虑和忙碌奔波。你确实需要打好地基，否则你的财务城堡可能会在第一阵风中倒塌。你赚钱的时间越长，你的投资和收入来源就越多样化。

你赚钱的速度越快，致富路线就越有可能成为一条很容易断裂的单丝线。

随着时间的推移而慢慢变得富有，通常意味着你会倾向于：

- 建立长期的收入来源。
- 防范经济衰退或突然的、负面的市场低迷。
- 也有时间过自己的生活，老的工作关系或家庭关系不太可能破裂。
- 更善于诚实、体面地赚钱。
- 有时间进行相关调整，因此不太可能冲动消费。

- 在此过程中获得长期财务安全所必需的经验。

如果你赚钱的速度太快，那么你会倾向于：

- 花在不适当的地方。
- 没有时间去学习如何处理金钱问题。
- 如果你的收入只来自一个领域，你会一贫如洗。

如果你真的想快速赚很多钱，那么，你可能会想效仿 79 岁的斯黛拉·莉柏克（Stella Liebeck）的做法。这位 79 岁的老人起诉了麦当劳，因为她被洒出来的热咖啡烫伤了，最初想获得 290 万美元的赔偿，最后的判决是 64 万美元。

这可能不是一个深思熟虑的计划，但确实得到了回报，而且很快得到了回报。就我个人而言，我宁愿慢慢地、愉快地赚钱。慢慢地赚钱，你会更享受财富，你富有的时间更长，你也会睡得更香。

你赚钱的时间越长，
你的投资和收入来源就越多样化。

法则
079

助你发财之人能得到什么

一般来说，我不希望你疑神疑鬼，但是，当涉及你的钱时，多疑是可以的。有很多"鲨鱼"在寻找我们中间那些不太清醒的、唾手可得的猎物。小心！

英国广播公司的杰里米·帕克斯曼（Jeremy Paxman）在采访政客时，常常假设他们在隐瞒一些事情，而他必须找出事情的真相和原因。

显然，我们并不想去相信每个人都想要伤害我们，但这里有一个很好的技巧可被用来质疑任何"提供"下面这些帮助的人：

- 赚钱的提议。
- "照管"我们的钱。
- 投资于我们的未来或计划。
- 任何财务建议。
- 为我们工作。
- 合作关系。

- 产品或服务。

我指的是"提供"。如果他们来找你，而不是等着你向他们寻求建议，你应该非常小心地提防。

你必须对任何可能侵害你财富的人或事都持怀疑态度。你要警惕任何有以下情况的人：

- 承诺帮助你通过捷径、税收漏洞或可疑的法律方案快速致富。
- 提到了"公司设在海外，税制较少"。
- 使用 MLM[⊖]或提及金字塔式传销。
- 声称自己非常富有，并愿意与你分享他们的秘诀，其实秘诀就是他们从像你这样的人身上赚钱（参见法则 069）。
- 利用互联网增加你的财富。
- 要求前期资金用于种子投资、购买宣传材料或开展调查。

还有 3 件事要永远记住：

1. 如果它像鸭子一样摇摆地走，像鸭子一样嘎嘎地叫，那么它也许真的是一只鸭子。如果有人告诉你它不是鸭子，你可千万别信。
2. 如果一件事情听起来好得难以置信，那么它也许真的不可信。
3. 闪闪发光的未必都是金子。

⊖ 多层式直销（简称 MLM），类似于金字塔骗局，但通常是合法的。报名做卖家，无须付费，只收取销售佣金。你可以从级别比你低的每个人那里收取佣金，比如你招募的人，或者你招募的人招募的人。

你还要记得不断地问"这个人能得到什么"。不要相信任何人。不要把你的钱交给任何人替你照管。签署任何东西时都要细瞧一下小体印刷的细则。总之，你要小心提防。

你必须对任何可能侵害你

财富的人或事都持怀疑态度。

法则
080

让你的钱为你工作

我们中的很多人，因为没有充分利用钱而浪费了钱——无论这笔钱是少还是多，长期还是短期。从不兑现支票到把现金留在低息账户里，因为你忘记了，或者找不到时间，或者懒得把钱挪走。

这里有一些建议，可以让你思考一下你是否让自己所有的钱为你工作：

- 不要把钱放在银行账户里，要把钱转到高利率的账户里，即使只存几天也好。电子银行意味着资金可以轻松、简单地从一个账户转到另一个账户，即使存很短的时间也好。
- 永远不要满足于你现在得到的利率，总会有更好的利率等着你去挖掘。你要继续积极寻找。
- 选择支付服务时要货比三家。总有更便宜的选择。不要只为名字付费，要为你所得到的东西付费。

- 不要让房产空着，它可能会升值，而你错过了宝贵的租金收入。

- 如果你投资了任何正在升值的东西，这东西也会有用吗？一辆你能开的老爷车会比一幅你只能看的画对你更有用吗？从某种意义上说，这可能被认为是有用的，因为这可能让你感到放松或治愈。

- 你要探索所有的选项。永远不要满足于你正在做的事情，而是要不断寻找改进、提升、振作和进步的方法。当然，这并不意味着你要瞎折腾。

- 你要满帆前进。不要把任何事情推迟到明天。今天就去做，现在就去做。如果你花了 4 个月的时间把支票存入银行，那么，你就损失了 4 个月的利息。

- 永远记住，闲置的钱就是浪费的钱，要么使用，要么浪费。

永远不要满足于你现在得到的利率。

法则
081

知道何时放弃投资

我有我自己的小算盘，我很乐意告诉你。我是前一段时间从一个网站上学到的，它对我很有帮助。基本上，一项对我来说有效的投资意味着，我通常寻求的回报是在 5 年内使我的钱翻倍。在经济衰退时，我可能会将其延长至 7 年，当然，投资回报越高或越快，投资风险也就越高。

我使用的计算方法是 72 ÷ 利率 ÷ 100，求出我的钱翻倍需要多长时间。例如，如果某项投资的利率是 6%，那么，我需要 12 年（72 ÷ 6% ÷ 100 = 12）才能使我的钱翻倍。12 年对我来说太长了。所以，我希望利率（也就是所谓的"回报"）在 14.4% 左右（我懂，你会感觉我很幸运，但这只是个例子）。顺便说一句，这适用于任何额度的钱。

所以，如果你想知道利率是多少，用 72 ÷ 你准备等待的年数 ÷ 100。72 ÷ 5 ÷ 100 = 14.4%，天呐，这对你很有用，我帮你做了所有未雨绸缪的工作。

因此，对我来说，任何看起来不会让我的钱在 5 年内翻倍的投资，我都会放弃；或者，如果从经济角度来说，退出是明智的（退出不会受罚），我就会放手。我有我的标准，你也需要有你的标准。

也许你需要在以下情况下放手：

- 你感觉到你投资的领域有些不对劲。
- 市场不景气。
- 你读了一些让你对某项投资感到好奇或怀疑的东西。
- 你需要钱去投资更好、更热门的东西。
- 最近一段时间以来，投资状况不佳，处于停滞状态。
- 你已经获得了最大利润，是时候退出了。
- 你对某项投资失去了兴趣，根本不想再费心了。
- 你在情感上或意识形态上发生了变化，需要转移目标，也许你之前只投资了环保产品，现在你还想投资主流产品，反之亦然。
- 某项投资不再流行，如果没有回报，旧的投资可能代价高昂。
- 你需要分散投资组合以在经济衰退或市场下滑时最大限度地减少损失。
- 你曾盲目投资，现在有了更多的信息，你可能发现自己吃亏了。
- 继续花钱打水漂，赔了夫人又折兵，只会让情况更糟，请你及时止损，迅速抽身（参见法则 082）。

也许你之前只投资了环保产品，
现在你还想投资主流产品，反之亦然。

法则
082

了解自己的投资风格

我们都倾向于根据别人的建议买东西、一时兴起买东西、买迷人的东西、在同一个产品上投资太多，最致命的是，赔钱了还戒不掉。这是一个我们必须学着去放弃的习惯。

当然，有不同的投资方法供你选择，你需要认识到自己的投资风格，否则你无法抑制自己最坏的倾向。所以，我要给你举几个例子，希望你能非常诚实地分辨出哪个是你。

你有好胜心吗？如果有的话，你很可能会满怀热情，早早地进入投资环节。你可能已经不厌其烦地研究了你的投资项目。然而，你可能过于自信和乐观，并且容易陷入连续亏损。

当然，你可能会更加坚定、谨慎、稳妥，并着眼长远。这是一个明智的做法，但仍然容易再次追着坏运气跑。

此外，还有一些投资者并不确定自己是否真的想投资。如果你是这种类型的人，你可能会找一个顾问，花很长时间（也许太长时间）来决定投资事宜。你很擅长在失败之后选择放手。这样做的主要缺点是，虽然你可能不会承受巨大的损失，但你可能不会像其他人那样赚大钱。

一些投资者没有做好充分的准备。他们投资太少也太晚，他们可能会把太多的鸡蛋放在一个篮子里（或者只信一个消息源），当事情走下坡路时，他们会花太长时间才能放手。

问题是情绪和个性可能会是成功投资的障碍。乐观、过度谨慎、争强好胜、急躁、恐惧、绝望等性格特征很容易动摇你的投资选择。但你赌的是你的退休金、你的房子、你的奢华假期、你留给孩子的遗产，你得确保自己以一种冷静的、有计划的、以风险评估为基础的方式来做投资。

你必须知道自己是哪种类型的投资者，以及何时停止连续亏损。没有什么比继续花钱打水漂更能蒙蔽你的判断力了。你必须学会止损并走开。是的，我知道这有多难。

_____

情绪和个性可能会是成功投资的障碍。

法则
083

为何要读懂及如何读懂资产负债表

如果你打算经营或投资公司，你需要能够阅读资产负债表。这与了解公司的盈利或亏损（即阅读损益表）不同。为什么？因为损益表只显示了一半的情况。

例如，X 公司的营业额为 100 万美元，成本为 50 万美元，因此它的利润为 50 万美元。它一定经营得很好，不是吗？其实不是。因为你不能从这个简单的损益表中看出它欠银行 200 万美元，100 万美元的营业额是骗人的，还有 400 万美元的税单悬在头顶呢，这是前几年的账目。你想投资 X 公司？我不这么想。该公司已经破产，还在进行欺诈交易，真是一文不值。还是离得远远的吧！所以，你需要看资产负债表，因为损益表无法告诉你什么。

资产负债表必须保持平衡。这就是为什么它被称为资产负债表。[⊖]你需要知道的基本公式是资产减去负债 = 所有者权益或

⊖ 实际盈亏公式是：所有者权益＋负债＝资产，因此是平衡的。一边是资产，另一边是负债和所有者权益。

A-B=C。用更简单的话来说：你拥有的减去你欠的等于你的价值。这适用于你自己、你为之工作的公司、你拥有的公司和你打算投资的公司。让我们仔细看看吧。

- 你拥有的——你的资产（A）。资产包括流动资产，流动资产包括：现金和任何可以在三个月内变现（即变成现金）的东西（这可能包括板上钉钉的债务、在途资金等）；库存（待售物品和有价值且可制成产品的原材料）；你或公司可能拥有的任何财产；设备和商誉。

- 你欠的——你的负债（B）。负债包括你的应付账款、长期贷款和银行贷款$\ominus$。基本上，如果每个人都要求归还你欠他们的钱，你就必须找到现金。

- 你的价值——你的权益（A-B）。它告诉我们你或你的公司的真正价值。这里有一个公式，从短期来看，你用流动资产除以流动负债，如果答案大于 1.5，你就做得很好。显然，你需要根据不同的行业和业务调整这一指标，但它可以作为一项基本指标。从更长远的角度来看，我用所有者权益除以资产得到一个百分比。如果答案大于 50%，我就有信心。例如，所有者权益 3500 万美元除以资产（已动用资金）7000 万美元的百分比为 50%，这是个乐观的数字。但 1.2 亿美元的资产和 3500 万美元的股本就不那么热门了，约等于 29%。

因此，如果你刚刚听说有一家公司赚了100万美元，并提供了投资的机会，不要被这个数字所打动。你得要求查看资产负债表，一定要仔细阅读。事实上，不要只看资产负债表，你还需要知道其他的重要信息，比如公司的财务总报表。你能得到（应该得到）的信息越多，你的决定就越可靠。

资产负债表必须保持平衡。

法则
084

纳税吧，不要等到税收官来找你

你永远不要试图逃税。如果你这样做，就会进监狱，这是理所应当的。我不是站在税收官一边的。在这里，逃税（犯罪）和避税（明智）是有区别的。在确保你没有把不必要的钱交给税收官（避税）和故意非法逃税之间有一条界线。越过那条线，后果自负，但你应该没有必要这样做。世界上有很多好人会给你所有你需要的建议。

你拥有的钱越多，就越需要避税。我要强调的是，这与逃税根本不是一回事，而且逃税的代价更高。很明显，在某个临界点上，你有义务把你的税务事务交给专家，他们自然会花掉你一大笔钱，这样你就可以避免把剩下的那一大笔钱交给税收官。

随着你的富裕程度上升，税收问题会变得更加复杂。你有各种各样的选择。但请记住，税收官们正在填补漏洞，修改法律，切断避税途径，速度之快，与你和你昂贵的专家们想出避税方法的速度有一拼。这就像一场国际象棋比赛，只是，过程更刺激，代价更昂贵。

我不会给你任何具体的建议，因为税收制度变化太快，我也不想被起诉，但值得记住的是：

- 考虑成立一家有限公司，它可以减少税收，并为你提供"个体经营者"没有的各种选择。我假设你赚了一些钱——如果你没有赚钱，那显然是无须缴税的，节税和避税就无从谈起。请记住，任何人都可以从公司注册处获得你的公司记录，所以，如果你自吹自擂，你可能会被揭穿。
- 一定要确保充分利用你的零花钱——要么使用，要么浪费。
- 在购买某样东西之前，一定要考虑它是否可以免税。
- 大量投资你自己的养老基金——养老基金的增长是免税的，或者你现在的养老基金就是免税的。
- 成为"税务游民"，环游世界而不缴税，但是，我们中有多少人真的想这样做呢？注意，当收入或资本收益汇入英国时，英国的纳税义务就会产生。在某些情况下，你可以在国外工作，但仍然要纳税（这取决于你的居住地，通常是永久居住地）。

当然，确保你对那些不用缴税的投资了如指掌，记得获取好的建议，并愿意为之付费。

———————

世界上有很多好人会给你所有你需要的建议。

法则
085

学习如何让你的资产为你工作

首先，你知道你有什么资产吗？这包括长期资产（固定资产）和短期资产（流动资产）。固定资产是指需要一段时间才能转化为现金的资产，流动资产是指容易转化为现金的资产。你列出来了吗？如果没有，现在就去做，我在等你去动手。

现在回来了吗？列好清单了吗？我希望清单上有以下一些内容：

- 财产
- 土地
- 机动车
- 养老基金
- 现金
- 商誉
- 艺术品、古董等

- 投资

- 别人欠你的钱

- 家具和其他财产

- 专利

- 股票和债券

- 知识产权

如果你有一家公司，该清单可能还包括以下内容：

- 股票

- 在建工程

- 原材料

- 厂房及机器

- 设备

- 商标

- 邮件列表

一旦你开始把这些资产列成一个清单，你就开始看到利用资产赚更多钱的无限可能。我的基本建议是：

- 不要让资产闲置。如果你拥有房产，就把它租出去。我指的不仅仅是买房出租。比如，有些人点子多，他们在没有足够的停车位供通勤者使用的地方租一小块地建车库，收入还不少呢。横向思考，不要低估任何东西！

- 要想过得开心，你就得利用任何资产为你服务，资产必须不断积累、不断增值才值得持有。

- 永远不要把现金放在身边。这会让你觉得无聊，然后四处游荡，随意挥霍。请把你的钱用在刀刃上。

一旦你开始把这些资产列成一个清单，
你就开始看到利用资产赚更多钱的无限可能。

法则
086

永远别信你的价值
只有拿到手的薪水那么多

那些认为自己只配雇主给他们的薪水的人，几乎总是在低估自己的价值。大公司依赖于不质疑自己价值的员工。开导一下他们吧！

这里有几点原因：

第一，事实是，如果你为雇主工作，那么经常换工作往往每次都能获得加薪，最终会比留在同一家公司赚得更多（可能有很好的跳槽理由，比如快乐）。如果你原地不动，你就必须学会提出更高的要求，并展示你是如何为组织增加价值的以证明加薪是合理的。

第二，没有一家公司会为任何东西支付超出实际需要的费用。你需要积极主动，要求更多，并显示出你的价值。然而，这需要你采取行动。不要被动地等待被公司认可的那一天。如果你是自由职业者，也同样适用。没有人会突然为你的工作提供更高的报酬，所以你需要积极主动地表现出你的价值。

第三，如果你认为自己有更高的价值，你会胸怀凌云壮志，渴望出人头地。如果你接受别人给你的东西且从不质疑，那么，你就会自满，也会被人轻视。

这不是一本关于如何获得加薪的书，但这里有一些建议。

- 非常清楚自己有什么价值，以及为什么有这样的价值。如果你工作更努力，成就更多，产出更多，得到的结果更好，那么，你就有权利这样说，并要求回报。
- 不要只为了钱而讨价还价，还得考虑到汽车、养老金、假期福利、责任、工作环境和空间、人员配备等任何你想要的东西。
- 如果你被拒绝了，一定要找出原因，想清楚你能做些什么来得到你想要的。
- 纠正以前的错误，然后重新开始。
- 永远不要拿自己和别人比较，你是独一无二的，没有可比性。

要想获得更多的报酬或其他任何东西，就得与公司谈判，所以你要掌握谈判的艺术。擅长谈判的人会得到更多，就是这么简单。温习一下你的谈判技巧（参见法则 034）。如果你没有得到你想要的，不要抱怨。你要更加努力工作，然后重新体验未完成的事情。

———————

如果你认为自己有更高的价值，
你会胸怀凌云壮志，渴望出人头地。

法则
087

创新致富，不走别人的老路

　　显然，你可以走任何你想走的路，但你可能会和许多人走到相同的地方。如果那是个好地方，你就得分享很多东西；如果那是个糟糕的地方，为什么还要在那里？

　　创新致富是一种绝妙的赚钱途径。看看那些赚了很多钱的人，他们都有一个共同点，那就是他们具备领先一步的能力。如果你愿意，可以创造性地跳出固有的思维模式，提出别人没有想到的计划和想法。这并不意味着你必须不计后果或像个赌徒，它只是意味着不同于其他人的思维方式。但这是大多数人都有的问题。随波逐流是一种极大的安慰。如果在一群人中出了一个问题，就会产生一种集体感，大家不会互相指责，而是一起悲伤。如果一个"独行侠"犯错，那是一件很难接受的事情。

　　反之亦然。如果一切顺利，你们是一群人，你们可以一起庆祝，并分享快乐。这有点像看足球比赛，这种感觉很好。

　　一个人需要真正的勇气、自信和成熟，更不用说创造力和动力了，这样才能振作起来，走自己的路。你必须有足够的自信来拒绝与人分享快乐和悲伤。在 1987 年 10 月的股市大崩盘中，很多人损失了很多钱。但克里·帕克（Kerry Packer）和吉米·戈德史密斯（Jimmy Goldsmith）没有赔本，这两位富豪在 8 月卖出了股票，换成了现金。记住，你越接近成功，就越希望风险小一点；你越接近失败，就越倾向于赌博大一点。

前几天我看到一个网站（投资经纪人的网站），声称它展示了 5 只最受欢迎的股票，以及无论你的朋友、邻居或家人怎么说，你都应有出售这些股票的原因。这些股票在这么长的时间里一直处于高位，肯定很快就会崩盘。现在就出售，抢在人群的前面。我在想，真正能赚钱的人无论如何都不会出现在那里，但如果出现在那里，他们就会投资一些我们从未想过的东西。

曾经很多人投资鸵鸟农场。这些农场现在去哪里了？还有许多人投资蚯蚓农场。你买了蚯蚓虫卵，养成蚯蚓，然后大型蚯蚓农场会来收购。我喜欢这种赚钱方法。嗯，是的，他们当然会来收购你的蚯蚓。

我的一个儿子投资了 10 英镑，开办了自己的巨型蜗牛小农场。他买了两只巨型蜗牛宝宝，用来繁殖（不知道蜗牛宝宝能不能担此大任）。他喂养和照顾了半年左右，后来我不得不向他解释，其实这些小蜗牛都是从别人家的花园里买来的。他不是一个人在战斗，他学校的许多孩子都被灌输了同样的梦想。同样的蜗牛小农场！

————————

创新致富是一种绝妙的赚钱途径。

第四章

留住财富

现在，你有钱了，你不想让财富溜走，所以，本章教你如何在变富之后留住财富。假设你现在知道如何避开巨型蜗牛和鸵鸟农场的骗局，那你应如何保护、享受和维护自己的财富？毕竟，当你终于得到钱财时，你不想浪费钱、挥霍钱、扔掉钱，当然，你也不想把钱给我。实际上，"把钱给我"只是我的幻想。但如果你真的想把钱给我，我也不拒绝。

有无数的网站都愿意为你照管钱财。请忽略那些网站吧！它们通常会标榜："今天就开始你自己的财富自由之旅吧——刻不容缓！"你所要做的就是订阅时事通讯，马上买一本"一夜暴富"的书——书中会承诺在 3~5 年内让你成为百万富翁。

也许你应该要求退钱退货（"一夜暴富"的书），因为除了努力工作、奉献精神、专注、创造力、脱颖而出、前瞻性规划和诚实的辛苦劳作，没有什么东西可以承诺让你发财。天呐！世上根本就没有"承诺发财"这档子事儿。

法则
088

追求高质量的东西

这是我可爱的妻子教我的法则，我得表扬她一下。我们认识的时候，我是一个淘便宜货的能手，在超市买两只鸡，享受"买一送一"打折优惠，而我买的第二只鸡从没享用过，因为根本不能吃。而她买的东西少，但质量上乘。所以，我会煮一只瘦骨嶙峋的、病恹恹的鸡，配着廉价的劣质酒；她会提供龙虾和香槟。你知道我为什么爱上她了吧。

我买一包五件的便宜 T 恤，她买一件质量好得多的完美 T 恤。现在，她买的东西：

- 使用寿命更长。
- 更耐洗。
- 历久弥新。
- 颜色保持得更好。
- 形状保持得更好。

- 更加衬托她的美好颜值。
- 更少需要保养（我开的是一辆便宜的车，总是出故障，我会因为车子抛锚而错过会议等。而她开的是一辆好车，总是看起来风平浪静且完美无瑕）。

她认为我花的钱虽然少，但都是浪费，因为我不得不更频繁地更换东西。我是在浪费钱，虽然我买的东西看起来很廉价。

买东西要看重质量而不是价格，这是一个很难学到的教训。我不得不抛弃童年时代所有的财富观念：

- 不要花过多的钱。
- 你不需要穿得那么贵。
- 为自己花钱在某种程度上是错误的。
- 买便宜货总比买优质商品好。

品质并不一定意味着名牌和金光闪闪，它只意味着同类中最好的。你不必开一辆劳斯莱斯，你只需一辆标准的普通车就可以——一辆新的或接近新的汽车，不要买一辆因为快要报废（或轮胎快要报废）而便宜的车。买优质商品说明了你的生活模式，以及你管理自己和开展业务的方式。这对其他人来说意味着质量，他们会调整对待你的方式。从长远来看，它还能为你省钱，而廉价往往是一种虚假的节俭。

买优质商品说明了你的生活模式，
以及你管理自己和开展业务的方式。

法则
089

细瞧一下小体印刷的细则

我可以给你写一份合同，保证给你一份板上钉钉的合同，没有免责条款，保证无条件退款。如果违反合同，我会掉进老鼠窝，被恶鼠乱咬而死，这种东西在法庭上可以站住脚，经得起你的任何审查。我在卖什么？这不重要。小体印刷的细则可能会让你付出高昂的代价。细瞧一下吧！

我喜欢那种小体印刷的经典细则，比如，买回来一双不合脚的鞋子，却被告知离开商店后概不退款退货。或者是药物包装上小体印刷的附加细则，比如，该药会致病，但你不能起诉。或者是电脑软件上小体印刷的追加细则，比如，一旦安装了该软件，你就会受到许可协议的约束。此外，该软件在运行之前不能测试，在安装之前也不能运行。

这里有一个关于某人把自己的灵魂出卖给魔鬼的精彩故事。魔鬼想要这个人的生命减去五年，而后者认为这是值得的。哦，不！他没有细瞧小体印刷的细则。魔鬼的确让他少活了五年——

头五年。唉，你能想象错过人生的头五年对你的影响吗？你想过信用卡公司的套路跟魔鬼一样不厚道吗？

我所说的"细瞧一下小体印刷的细则"是什么意思？你到底要做什么？你得细瞧一下三个基本的东西：

- 当然要细瞧一下该细则是否涵盖了你想要的东西。
- 细瞧一下合同中是否存在会扭曲合同基本含义的隐藏条款。
- 细瞧一下惩罚条款，那些因你逾期或未支付而惩罚你的条款。

这有点像检查食品包装上小体印刷的细则。如果你不喜欢包装袋里的东西，就不要买。沿着过道往前走，买有机的、绿色的、新鲜的、未经高温消毒的，随便什么都行。如果看到小体印刷的细则，你会非常不自在，你脖子后面的汗毛都会竖起来。那些细则在那里只有一个原因，那就是故意让你出错。继续前进，看看别的商品吧！

———————

小体印刷的细则可能会让你付出高昂的代价。

细瞧一下吧！

|

钱还没到手就不要乱花

这对我来说太难了。我不得不承认,我觉得这是我最难接受的一条法则。

我怎么学习这条法则?有什么建议吗?

我想我应该:

- 为今天做预算,并且只为今天做预算。如果我没有这笔钱,我就不会乱花钱。
- 忽略我认为或知道将来会发生的事情。
- 为税收留出大量资金,嗯,甚至更多。
- 没有贷款和透支,没有任何形式的借款,这样我就不会试图用未来的收入偿还今天欠下的债务;或者,反过来,现在积累债务,知道未来的收入可以用来偿还债务,这样就太淘气了。

现在消费未来收入的负面影响是：

- 可能不会有收入，或者收入比你想象的要少（蛋还没孵，先别着急数小鸡……）。
- 泡沫总会在某个地方破裂，如果你总是提前消费，总有一天你会被困住。
- 助长了草率的财务规划。
- 无论你买了什么好东西，都早已失去吸引力，或者已被磨损、损坏，甚至完全被遗忘。
- 你与现实脱节，因为"未来"只有变成了"今天"才能成为现实。因此，你很容易超支。

我想我需要一个"四问计划"：

1. 问问自己，某样东西是今天的必需品，还是可以等到以后再买？这是一个有用的策略，因为一旦"嗜血欲"褪去，这种吸引力也会逐渐消失。
2. 问问自己，提前消费值得吗？很明显，如果今天用明天的收入买东西，就会产生利息，那么，支付额外的利息值得吗？
3. 问问自己，提前消费的风险因素有哪些？如果我今天做出承诺，如果我的情况发生变化，我需要未来的收入用于其他目的，怎么办？
4. 问问自己，以后遇到心动的东西没钱买怎么办？如果我今天花钱，我可能没有收入来支付可能会出现的一笔真正令人兴奋的花销。所以，最好把钱存起来以防万一。

跟我一起执行这个计划吧，不要把信用卡刷爆了！

————————

"未来"只有变成了"今天"才能成为现实。

法则
091

为养老多做准备

有时候，你在古老的高速公路的外车道上疾驰，却发现前方的道路不如以前多，赚钱的路子也一样。这时，你应该努力确保——即使你停止赚钱——你仍然能够负担得起你现在享受或想要享受的时尚、奢侈和舒适的生活。

这里有一些很好的理由说明为什么你应该存钱养老：

- 你不能再依赖政府了。

- 如果你不为自己存钱，你可能不得不依赖陌生人或家人的施舍，这可能更糟糕。

- 如果你没有养老计划，你可能会失去对舒适、时尚和奢侈程度的控制。

- 如果你没有计划，你将失去对财务自由的控制。

- 你可能会失去对身体机能的控制，需要钱来支付医药费。

- 随着年龄的增长，你会慢下来，你不会永远像现在这样努力工作。

- 你也不想总是辛苦工作（尽管你可以选择这样做）。对大多数人来说，总有一天你会老去，只能坐在阳光下晒太阳，那样的日子是不是也不远了呢？

那我们为什么还不把一些东西存起来呢？当我们年轻的时候，很难想象有一天我们会变得不再年轻。所以，我们不需要为此做准备。而且，我们忙于享受美好时光，无暇考虑这些事情。此外，我们忙于照顾其他家庭成员，没有太多时间考虑自己。此外，我们已经把什么都抵押了，工作也够辛苦的了。此外，我们还没有进入 50 多岁的赚钱高峰期，所以，还没有一次性存一大笔钱。此外，……

所以，如果你要把一些东西存起来，也许需要一些参考：

- 什么时候开始都不晚，但是，存钱越早，伤害就越小。优先安排你的花销项目，列出你要花钱购买的东西，看看里面有没有"未来消费"。如果不是"未来消费"，那就把它放在清单的首位，排在买新船或去巴黎旅行之前。
- 如果你到 50 多岁还没有存多少钱，那就一次性存一大笔，为你的退休计划做准备。○
- 让你的财务状况井然有序，减少浪费，要有计划地花钱。
- 如果你没有养老金，确保你有一些东西可以为你的退休生活

○ 天呐，永远不要"退休"，要退而不休，否则还得闲死。当然，你想有时间晒晒太阳，但你也得让大脑保持活跃。如果你热爱自己的工作，退休就是减少工作量，而不是完全停止工作。

或晚年提供资金，比如有房子可卖或有股票可套现，而且要保证拥有充足的资金。

- 总是考虑高利率，调动资金以获得最佳收益。

随着年龄的增长，你的需求会越来越小。一旦孩子们都离开了家，你就不需要那么大的空间了，所以，把大房子换成小房子，把利润拿来投资。

存钱越早，伤害就越小。

法则
092

存一笔应急基金，以备不时之需

除了为你的晚年存钱，你还需要准备一笔应急基金。我不能给你一个明确的紧急情况列表，但这里有一些值得思考的问题，就像噩梦一般。

- 事故，比如驾驶事故、工业事故、工作事故。
- 疾病。
- 突发的法律问题，比如被人错误地起诉或逮捕。
- 土地纠纷——确实非常昂贵。
- 孩子的问题。别说我小题大做，孩子的问题特别多，包括招来警察、驾驶、疾病、旅行费用（当他们的钱或热情耗尽时，你要花很多钱才能把他们从泰国接回来）。
- 天灾，比如洪水、地震、海啸、干旱、下沉、森林火灾、瘟疫等。
- 突然失业。
- 你的公司突然破产。

● 经济萧条。

那么，你应该存多少钱，存到哪里呢？嗯，明智的做法是存的钱足够让你以现在的生活方式生活3~6个月，而在这段时间里甚至不用担心没钱。如果你乐意，差不多是你年收入的一半。显然，如果你的财富在海啸或森林火灾中完全被摧毁，你将获得保险，因此可以领取保险金，但你将需要一些东西来帮助你渡过难关。医疗费用也可以由保险公司承担。

那么，该把钱放在哪里呢？大多数人把钱存入储蓄账户，利息当然很高，还可以即时取用。就我个人而言，我注意到精明的富人也会在保险箱里存放现金，以备不时之需。危急时刻总能派上用场。

只要看看人道主义灾难，你就会意识到资金用得有多快，传统资源是多么难以获得。对大多数人来说，在一场自然灾害中幸存下来已经够艰难的了，但这是"人人平等"的高级状态，因为当互联网和电话网络瘫痪时，没有人能进银行取钱。钱很快就变成了无用的货币，食物和水变成了优先考虑的东西。

你可以选择购买大量保险，帮你缓解突发事件可能导致的问题；或者，你也可以把应急资金存在流动性强的账户中（方便快取），比如储蓄账户或货币市场账户（后者的利率更高）。但是，你要像往常一样，从正规的金融专家那里听取详细的建议，而不是听我在这里唠叨。

———————

精明的富人也会在保险箱里存放现金，
以备不时之需。

法则
093

货比三家懂不懂？不懂你就学着点

我知道，我说过要买优质的东西，我确实相信这一点，但我不相信把钱浪费在那些可以从其他渠道以同样便宜的价格买到的昂贵东西上。例如，一个好朋友最近买了一辆非常昂贵的车，一辆很棒的车，我非常嫉妒。我打破了自己的规矩，问他付了多少钱。

他说他能负担得起，事实上他肯定能负担得起。但这是原则问题。我建议道："你可以在这里、这里还有这里买到便宜得多的车。"他回答说："是啊，但那样我就得站起来做点什么，而不是直接伸手去拿电话订购了。"

我提出在便宜的地方帮他买，然后再卖给他，我俩平分差价。但他一点也不接受。他解释说，他赚了这些钱，所以他可以坐在沙发上，拿起电话，用最少的努力把世界万物带到他的面前。这就是他认为的巨额财富的意义所在。

现在，明智的富人与我的这位朋友不同，他们不会因为有钱就乱花钱。相反，他们的做法是：

- 对于已经完成的工作，一定要获得至少三份报价，不要只接受第一份报价。
- 货比三家，确保他们没有浪费钱。
- 如果他们不得不努力工作赚钱，他们会谨慎花钱。他们并不吝啬，只是谨慎、有选择性、有辨别能力。

俄罗斯有句老话：花钱快，赚钱慢。这倒是真的。我们可以在几分钟内卸下多年的工作，所以我们必须在开支方面谨慎一点。你不必戒掉自己喜欢的东西，但你要谨慎一点，不要浪费不必要的钱。

我认为，明智的消费是我们应该从小就教给孩子的东西。他们经常被广告说服，如果某样东西花里胡哨、哗众取宠、凌乱不堪，或在某种程度上令父母反感，那一定是件好东西。他们冲回家，剥去所有的包装，失望之情很快就涌上心头。你应该在他们小的时候就教他们谨慎花钱。

对你来说，是时候自己去发现你所购买的一切物有所值的乐趣了（如果你还没有这么做的话）。互联网让比较价格和货比三家变得非常容易，确保你买任何东西都不会多付。好好利用互联网为你办事吧！

但你要谨慎一点，不要浪费不必要的钱。

法则
094

|

不要向朋友或家人借钱，
但可以让他们为你投资

我想，我们可能需要快速回顾一下朋友和家人存在的意义，以及你的存在对他们的意义。你的朋友会：

- 关怀你。
- 爱你。
- 支持你。
- 滋养你。
- 帮助你。
- 给你建议。你可以从朋友那里获得建议，但财务建议除外。
- 安慰你。
- 和你一起玩乐。
- 与你分享一些东西。

书中没有提到你的家人会：

- 向你借款。
- 偷你东西。
- 哄骗你。

简而言之，向朋友和家人借钱是非常不礼貌的。这里设置了太多的议题和议程，会引起怨恨、相互指责和猜疑，这会危及重要的人际关系。不要这样做。

除此之外，朋友和家人也不是合适的贷款来源，因为他们没有获得贷款许可。我在这里说的不是一杯酒的小钱，而是相当大的一笔钱，具体多少钱，取决于你的具体情况……你确实需要有贷款代理执照（哦，严肃点儿），如果你从朋友那里借钱，或者借钱给朋友，如果一切都出了问题，你就得不到合法的追索权——你必定会输，确信无疑了。

我知道，从技术上讲，你可以起草合适的协议，但就算是这样，即使他们向你收取适当的利率，这也是危险的。如果你由于你无法控制的情况而无法还款，你就有可能失去你们的友谊，而你们的友谊对你来说当然比贷款更重要。

唯一的例外是，如果家人和朋友想要投资你正在创办的企业，那么，他们完全明白，就像任何投资一样，他们可能看不到回报，而所有常见的风险都有可能出现（参见法则 098）。你不能承受的是，万一事情没有成功，可能会引发嫌隙。家人和朋友太重要了，有隔阂就不好了。

向朋友和家人借钱是非常不礼貌的。

法则
095

不要放弃股权

这条法则适用于任何一个经营公司的人，或者自由职业者，或者正在考虑建立自己的个体贸易商行的人。从本质上讲，关键是不要泄露你或你的公司的任何信息。

这个练习的目的是保住财富，所以不要放弃股权（股票或你公司的股份），否则你将不得不把你的辛勤工作、时间和精力分配一些给别人。最好给他们钱，加上利息也行，但不要分走你的哪怕一点点股份。

在以后关于花钱的法则中，我会告诉你去申请股权，但那是不同的，那时你是个放债的人。再开个银行账户的话，就得另寻法则了。⊖

有人会错误地认为完全控制自己的企业是一件坏事，许多商业顾问会主张将一部分股权赠予他人是一件好事。但我注意到，真正成功的富人不会这么做。他们会抓住他们所拥有的一切，他

⊖　只是希望对方还没有读到这条法则……

们可能会借钱、贷款、透支，但他们不会放弃股权。我不推荐借钱，正如我们在法则041中看到的那样，但只要你做过计算且负担得起，这仍然比放弃股权要好。你可以在还清贷款的同时还能把利润留给自己。放弃股权，你就永远放弃了一部分利润。

投资顾问会建议避开银行贷款，因为银行会很快关闭你的企业。商业天使会借钱给你，但他们会要股权。

如果你必须放弃股权，那么，确保你可以用它来交换如下利益：

- 商业技能和敏锐度。
- 亲自担任董事。
- 一份免于麻烦的协议。你可以按照自己想要的方式经营业务。
- 一个现实的比例。你不必放弃太多。
- 一个回购条款。以后现金充裕的时候，你可以用现金回购股权。

我经营着一家公司，有一些股东，但他们持有的股份并不赋予他们投票权。所以，虽然他们得到了一些股权，但他们没有控制权，事实上，这些股份是作为对他们提供建议的奖励，而不是对他们掏钱入股的回报。

你只能从那些对你的业务有经验、了解它的起起落落和行业相关问题的人那里拿钱来做你的生意。记住，绝不要把有投票权的股份送给任何人。

————

绝不要把有投票权的股份送给任何人。

法则
096

知道什么时候该停止

"什么？"我听到有人在嚷嚷了，"你知道什么时候该停止吗？你之前不是说你不应该满足于现有的成就，否则财富就会枯萎吗？"是的，我说过，但那是在你开始取得成果的时候，而不是在你做得很好且比你想象的更富有的时候。听着，总有一天你该适可而止，总有一天你会想：

- 多花点时间和家人在一起。
- 享受生活。
- 玩得开心。
- 去旅行。
- 让工作和生活的天平向生活这边倾斜一点。
- 利用你的时间把你学到的东西传授给别人。

当然，你也可以在不放弃致富理想的情况下做到这一切，但这也许是你该停下脚步的时刻了。努力追求财富是一件好事，可是，一旦你获得了财富，你就应该泯然于众人。

我总是对 Lady Gaga 这样的人物印象深刻，她把大量的时间和金钱投入到她所信仰的慈善事业中。

沃伦·巴菲特（Warren Buffett）也做了同样的事情，他承诺在有生之年捐出 99% 的财富。我知道，他"玩弄"的金额高达数十亿美元，但他的心眼还是很好的。他可能靠利息生活。这类人就是我写这条法则的灵感来源。事实上，过去 100 年里，就捐赠金额而言，最伟大的慈善家就是印度塔塔集团的创始人贾姆塞吉·塔塔（Jamsetji Tata），他一生中为教育和医疗事业捐赠了 1020 亿美元。

你可能会想，你跟他根本就不属于同一阵营。哦，但你仍然可以在你的计划中加入一个"适可而止"的条款，制定出一个最终的策略。你应该在哪里停止？多少钱才够？你的底线在哪里？阿拉伯有句谚语："如果你很富有，就奉献出你的财富；如果你很贫穷，就奉献出你的心。"所以，当你得到很多钱的时候，捐出一些吧！我们稍后会详述这个问题。

我不是要威逼你给慈善机构捐款，但我建议你努力去搞清楚什么时候拥有足够的财富。我知道，有一种说法是，你不能拥有太多的好东西，专注发财只是丰富多彩的生活的一部分，你也许太用功了。

总有一天你该适可而止。

第五章

分享你的财富

　　一旦你努力工作赚了钱，分享财富似乎有点不公平。但如果你不这样做，向你伸手请求帮助的人就会陷入孤掌难鸣的境地。你可以挣钱，钱可以增值。你可以守护钱，也可以争夺钱。你可以好好理财，也可以胡乱花钱。你可以赢钱，也可以输钱，还可以藏钱。你可以投资，也可以送人。你可以回购，也可以交换，还可以分割。但是，当然，最好的做法是与他人分享你的财富。

　　我这里说的不是行善。我说的是分享，因为分享是一件善良的事情。我知道你们努力工作才取得今天的成就，为什么你们要把钱给那些懒惰的、不专注的、放纵的或者纯粹的自由主义者呢？对，说得好。但我在这里说的是那些不太富裕的人、不幸的人、弱者、需要帮助的人和值得帮助的人。

　　财富有点像一幅美丽的画。当然，你可以把它挂在书房里，只有你能看到它。但你也可以分享它，让其他人也看到。你也许会说："如果我们分享财富，财富就会减少。"不是吗？真的吗？我有点怀疑。我认为，你捐出的每一分钱，或者你与那些没有能力获得财富的人分享的每一分钱，都会使其价值翻倍——也许不是用现金，而是用其他方式成全你。

　　我说了，我不想威逼你。我只是注意到，真正成功、快乐的富人在分享他们的财富时确实感到很轻松，这对我们都会有所启发。

法则
097

明智地利用你的财富

前几天，我在报纸上读到一个故事：一对不错的夫妇（都是摇滚音乐家）在牛津郡（或周边的其他县）的乡村买了一栋占地 9 英亩（1 英亩 =4046.86 平方米）的大房子，打算安顿下来抚养孩子。我觉得这是一笔非常值的投资！

- 一个稳定的、抚养孩子的地方。
- 从长远来看是一项稳健的投资。
- 一个没有城市污染的、宁静祥和的好地方。
- 一个友好的地方，让孩子们在邻居的照顾下成长。
- 一场基于历史和遗产的合理投资。

另外，我在同一份报纸上读到，一个时装模特因为吸毒而经常上新闻。毫无疑问，这是一个代价昂贵的坏习惯。我猜，你可以从报纸上收集到的这两个故事中看出我的兴趣所在。前者是明智的投资，后者是自我放纵招惹的麻烦，没有丝毫的财富智慧。

　　我不是一个派对破坏者，但我注意到，比起那些挥霍、滥用、放纵，而且通常表现得好像财富给了他们炫耀的许可证的人，那些明智地处理财富、分享财富、慷慨地对待时间和金钱的人得到的投资回报要多得多。教化和说教已经够多了，我保证过不会再进行道德绑架。但这些都是真实的观察，我相信你也有类似的观察，那些滥用财富的人往往很难一直富下去。以下是一些关于我们拥有的财富，以及我们如何明智地处理财富的问题：

- 我们最初为什么会变得富有？
- 财富的最佳用途是什么？
- 我们对财富的长期目标和期望是什么？
- 我们认为财富会给我们带来什么？
- 我们可以用自己的财富做些什么来造福他人？
- 我们想要一个什么样的世界？
- 我们和我们的财富希望如何被世界看到？
- 我们离世后，后人会怎么说我们？
- 我们会留下什么遗产？

　　我个人认为，财富的最佳用途是教孩子如何赚钱、投资、储蓄和明智地消费。随着我们都变得越来越富裕，确实有必要在学校课程中引入一些讨论金钱的元素。孩子们需要学习有关税收、保险和支出的知识，以及所有我们从未学过的东西。我们必须刻苦学习财富知识。请注意，我们还要确保每个孩子在离校之前不但能读会写，还会开车。

———————

那些滥用财富的人往往很难一直富下去。

法则
098

永远不要借钱给朋友或家人，
除非你准备打水漂

你能和家人、朋友分享你的财富吗？能！但如果你想保持理智，我强烈建议你不要借钱给任何人，除非你在心理上做好了打水漂的准备。这样，当他们不还你钱的时候（我敢打赌他们不会还的），你就不会感觉很糟糕了。如果你期望他们回报你，而他们没有，想象一下你会感到多么受伤和失望。

我懂的。我有几个儿子。但是，我的钱给他们和给我自己一样多，所以我们也玩这种游戏——他们向我借钱，我给他们钱。有时他们还钱，我感到惊喜，但有时他们不还，我就当是打了水漂，这也没关系。我真的希望他们不要读到这条法则，否则我会像老鼠一样被他们围困在家里走投无路。

我爱他们，重视他们和我的关系，我不想因为借钱这种事情和他们争吵，毕竟有很多更好的事情可以和他们争吵。

如果你借钱给朋友却没有要回来，你失去的不仅仅是钱，还失去了友谊。他们觉得很尴尬，因为他们没有回报你，因此没脸来见你。你觉得很委屈，因此不邀请他们。结果就是友谊的终结。

把这笔钱一笔勾销吧，这样，你仍然会很高兴见到他们，他们很快就会忘记尴尬，将你视为独一无二的那种朋友。

当然你也不必这么做。你可以直接说不（参见法则 101）；或者，你可以直接给他们钱（参见法则 102）。

我最近在网上读到一篇咨询类博客，说的是一个年轻人借给他大学室友 350 美元，这不是一笔很大的数目，但他的室友一直不还钱。他先问了好几个朋友是否借过钱给那位室友，那几位朋友说借过钱，但那位室友已经还了。现在他当然和那位室友闹翻了，尽管他可以让舍友选择每月还款 50 美元的条件。更糟糕的是，他和那几位朋友也都闹翻了，因为在他看来，他们默认了这笔还款不必兑现。

我的建议是，他把这位室友告上法庭，但我想，他无论如何也不会看到这笔钱，而且还会为此付出一大笔费用。最好将这种不愉快的经历视为一种成长的机会，然后吹着口哨潇洒地走开。我知道，对他来说这是一大笔钱，但任何像样的教训都不便宜。关于他是否有权"夺取"他室友的财产等问题的讨论还在继续。我还是会建议他吹着口哨潇洒地走开，但以后不要再借钱给朋友了。

最好将这种不愉快的经历视为一种成长的机会，
然后吹着口哨潇洒地走开。

法则
099

有钱可以入股，但不要借人

如果有人要求你为一个特定的项目贷款，比如开办公司或扩大公司规模，你可以给出各种各样的答案，包括：

- 拒绝。
- 同意。
- 同意，但是……
- 同意，但有附加条件。
- 同意，但要求持有股权。
- 同意，但要可转为股票。

显然，"拒绝"可能会造成冒犯（参见法则 101）。如果你明白我的意思，"同意"是一个禁忌。借钱给朋友和家人是不允许的，除非你准备打水漂（参见法则 098）。一般来说，想要大额贷款的人都没有那么亲密，否则他们会更了解你。

这里给我们留下了最后三个答案：有附加条件、要求持有股权或可转为股票。当然，可能还有其他的答案。

- 有附加条件。要我说，这是傻瓜的把戏。条件是等你发了财再还给我。条件是你不要用这个做傻事。条件是你只能用它来造福人类。条件是一个很棘手的问题，但有很多人会摆出诱人的条件——"如果你能把这个借给我，我保证……"嗯，没错。
- 要求持有股权。这个答案好一些。你不贷款，你提出购买项目股份（无论借款人做的是什么项目）。如果成功了，你可以收回利息；如果破产了，你一开始就不应该提供贷款或买入股票。你更傻了。公平的问题在于，结果往往是非黑即白，要么成功，要么失败。
- 如果项目成功，你就可以拿回你的钱——也许项目应该成功才对。
- 可转为股票。这个答案好多了。你借的是一笔适当的贷款，还款细节都是合法的，所以这是一笔有约束力的贷款。但如果项目成功了（应该成功，否则你一开始就不应该放贷），你就把贷款转化为股权。这样，你就能拿回你的钱，还可以分到一大笔利润。这让借贷看起来很有价值。

如果有人向你借款，条件是这笔钱可转为股票，那将会帮你"分拣麦子和糟糠"，即便这是"矮子里拔将军"。如此，"将军"就能脱颖而出，受到重视。如果项目失败了，你可以拿回你的钱，至少理论上是这样。很明显，如果项目失败了，你可能没有任何资金，但你将以他们的财产作为抵押（我知道我说过永远不要这样做，但这是对你作为借款人的建议；而作为贷款人，你一定要确保自己这样做）。如果我想借钱给我的孩子买汽车和房子之类的大件物品，我甚至会对他们这样做。是的，你可以拥有这笔钱，但我想拥有股份，所以，即便你感到无聊或不安，未经我的允许，你也不能卖掉这个东西。当孩子们知道我要对我赠送的东西保留"批准权"的时候，他们往往会退缩。我也知道，他们买的确实就是这个东西，而不是他们不愿意告诉我的其他东西。当然，对我自己的孩子来说，有时候把钱给他们更好。那么，他们用这些钱做什么就不关我的事了，但他们怎么好意思提出这样的要求呢？

如果有人向你借款，条件是这笔钱可转为股票，那将会帮你"分拣麦子和糟糠"。

法则
100

钱财乃身外之物，生不带来，死不带去

　　我知道有一种说法：离场时坐拥最多玩具的是赢家。但是，当你走完你的人生时，你真的什么都带不走，这些钱也买不了任何东西。当你去世的时候，你一个人走，就像你出生的时候一样。所以，在某种程度上，所有的努力都白费了。当然，你可以在有能力的时候用钱做一些有用的事情。留在养老院里瞎起哄，并不是开启慈善事业的正确时间和地点，不是吗？

　　如果你不能摆脱金钱的困扰，那你就是被套上了"财富枷锁"，你与你的钱紧紧捆绑在一起，你真的想把它带走，这真的很难想象。当然，你可以把钱留给你的孩子，但你应该在去世之前就把大部分钱财都捐出去，否则你会给某人留下一大笔税务。

　　无论你决定做什么，一定要接受适当的建议，没有什么比一份考虑不周的遗嘱和你去世后的大量税收更令人恼火的了。

　　你当然可以在你离开之后继续为纳税义务投保。你必须计算你认为你的纳税义务可能是多少，然后制定一份终身保险来解决这个问题。但是，保单必须写进信托，以确保保单的收益不包括在你的遗产中。把任何东西放到信托中的时候都要小心谨慎，因为如果你选错了信托，事情会变得更糟。

　　天呐，我可不是财务顾问（除了在行为层面上），你需要找其他人来了解具体细节，确认哪种投资最适合你。但在你去世之前把所有这些都安排好，似乎是有意义的。当然，你可以把遗产留给你的配偶，这样他就不用缴纳遗产税了。[⊖]但是，你的配偶去世后的税单会很高，所以，你只是在拖延，而不是在抵消。不过，这种影响在英国会下降，因为你可以申请已故配偶未使用的豁免权利。或者，你可以建立一个信托，以确保丈夫（或妻子）的免征权利都得到充分利用，但同样要小心使用信托。

如果你不能摆脱金钱的困扰，

那你就是被套上了"财富枷锁"。

⊖　英国的配偶豁免制度——必须是配偶或民事伴侣。如果他在英国以外的地方居住，免税额限制在 325000 英镑（那是 2022 年我写本文时的数据）。

法则
101

知道何时及如何说"是"或"不"

现在你赚了一些钱，就会有人把你看成：

- 一个目标（容易下手）。

- 欠他们的人（毕竟，他们已经认识你很多年了……）。

- 值得冒险一试的冤大头（你永远不会知道）。

- 低息贷款或免费礼品的靠谱来源（这比准备一份合适的商业计划和去银行要容易得多）。

我并不是说总会有人向你伸手求助。事实上，一些要求会隐藏在最具吸引力的潜在投资手册中。那么，你如何知道何时说"是"，何时说"不"？如何说呢？

从某种意义上讲，对朋友和家人说"不"很容易。从第一天起，你就制定了一个是非分明的策略，即不借钱给朋友和家人（参见法则 098）。你从来没有借给他们钱，所以，他们学会了不向你借钱。

对生意上的熟人说"不"也很容易，只要让他们把一切都交给你的会计或商业顾问即可。比如，如果没有他们的意见，你永远不会做出决定，并且，在他们仔细研究过所有事情之前，你不能继续做决定。这让那些摆出姿态跃跃欲试的人望而却步。其他人也许值得考虑，如果他们的计划很靠谱的话。既然如此，或许值得一看。

现在，什么时候说"是"或"不"呢？请看下列情况：

- 你的直觉让你去说"不"。
- 他们没有做任何展示工作。如果他们从一开始就偷懒，我觉得他们会一直偷懒下去。
- 你和他们没有联系。基本上，你要常常对陌生人说"不"。

说"是"很好，说"不"也没关系。这是你的钱，你想怎么花就怎么花。你必须：

- 抛开内疚，因为这是你的私事。
- 确保你完全理解他们的要求，这就是为什么你最好请个顾问。
- 保持"闭关自守"的策略，防止自己被各种请求淹没，让他们很难找到你。
- 避免说"是"，因为你认为这会让他们开心——他们在情感上勒索你，这样他们就会自动地把自己从名单上划掉而不会感到内疚。
- 当你说"不"的时候，一定要斩钉截铁。不要说"也许""我们先等等看""我得睡一觉再说"。说"不"，让所有人（包括你自己）都摆脱痛苦。

- 不要让别人纠缠你。要果断自信。
- 在他们还没开始之前，一句简单的"我希望你不要问我"就能让他们停下脚步。

这是你的钱，你想怎么花就怎么花。

法则
102

有创意地分享你的财富

我喜欢这条法则。向以下人群提供资金是一种挑战：

- 不曾主动向你借钱的人。
- 需要钱的人。
- 值得你借钱的人。
- 会明智地（好好地）花钱的人。

你的挑战在于你如何让他们在接受你的钱的同时不觉得欠你的债、欠你的情，不会产生嫌隙，也不会有愧疚感，等等。无论我们有多少钱，这都是我们应该实践的法则之一。我认为，一旦你为人父母，在给你的孩子一大笔钱买汽车和其他东西时，你就可以实践这条法则了。他们总是说"我会还你的"，但你知道他们不会还你。但倘若你能给他们钱而不附加任何条件，你就做得很好。

以下有很多方法可以帮助你把钱送出去，而不会让他们感到内疚或让你感到尴尬：

- **有一天你可能会中彩票。**这是一个很好的例子，给了你暗示。好了，运气好的话，你去吧。他们只要像你一样幸运，就会还你钱。

- **时运无常，有升有降。**你说你现在很有钱，但情况可能并不总是如此，当你的财运下降时，他们可以帮助你。

- **我想要朋友快乐。**当我看到朋友遭遇痛苦（或麻烦或债务）的时候，我怎么能开心呢？如果朋友不开心，那么我也不可能快乐，所以，我要帮助他们变得快乐，从而也帮助自己变得开心。怎么会有人拒绝这样的说辞呢？

- **我为什么不应该帮助朋友？**这是上一个方法的延伸阅读，但仍然有价值且有用。听着，这就是朋友该做的。他们过去曾帮助过我，或者现在正在帮助我……他们总是愿意提供帮助，为什么我不能为他们做同样的事呢？

- **帮帮我，我遇到税务问题了。**听着，如果我能卸掉一些现金就能减轻我的税收负担，那么，你能帮我用掉一些钱吗？我将非常感激。

- **政府只有在我死后才能拿到那些钱。**所以，我现在就给你，看看它会给你带来什么快乐，而不是在我死后让你感到悲伤和沮丧？

- **我可以通过入股新房来帮助房屋升级。**他们一分钱都不用付，直到他们终止这一切，那时候，我的投资回报率可能会高于存款利率。如果不是这样，那又怎样？利润从来都不是重点，但他们可以为此感到高兴。

我相信，如果你用心去想，你还能想出更多的点子。嘿，这个很有趣。你可以帮助别人，你可以慷慨解囊，但要有创意地分享你的财富。

倘若你能给他们钱而不附加任何条件，

你就做得很好。

法则
103

拒绝过度呵护，给孩子体验贫穷的机会

如果你要向你的父母借一大笔钱（当作父母赠送的礼物），那么你最好买断这本书，然后烧掉它们，因为你不会喜欢我接下来要说的话。

父母们，如果你们正在读这篇文章，请不要借钱给孩子们（作为礼物送给他们）。不要溺爱他们，要让他们懂得金钱的价值，要让他们从一开始就尊重金钱。你有很多钱，但并不意味着他们有资格从他们脱下尿布的那一天起就站在那里伸手找你要钱。

我在这方面的表现可谓"世界第一差"，但我正在学习。有很多种方式可以让你变得非常刻薄，不给他们一分钱；也有很多种方式可以让你变得过于慷慨，给他们一切。现在，我要谈谈为孩子们制定预算并设立信托基金的话题。

限制每月的零用钱总是一个好主意，因为他们必须量入为出。这样可以教他们做预算、精打细算，并在月底（大多数情况下在月中）开始省吃俭用。针对 16 ～ 18 岁的孩子，这可能是这样做的最佳时机，因为他们也在学习一大堆关于成长的新事物。同时，学会平衡自己的账目对他们是有好处的。

你也可以为他们预留一笔钱，这样他们就可以买房子、做生意、买体面的车了。如果你做到了，那么，他们不能把钱挥霍在超高清电视或 600 英镑的名牌手袋上，而只能花在他们必须向你详细解释的合理东西上。当然，还有一笔信托基金等你离开后再用。你也可以在他们长大到足够懂事的时候，让他们拥有这样一笔钱，以便在不影响他们学业的情况下享受这笔钱。就我个人而言，我会在对他们产生真正影响之后，也就是在他们开始赚到有价值的钱之后，才把钱给他们。

永远不要告诉他们，他们会在 25 岁或任何你决定的年纪得到一笔钱。没有什么比想到自己会发财更让孩子们失去奋斗的动力了。他们会认为自己不需要付出任何努力。让他们以为自己会永远贫穷，这样你才有望看到他们行动。

你怎样设定一个合适的零用钱数额呢？只有你可以为你的孩子解决这个问题，但你显然要考虑孩子的年龄。一旦他们到了十几岁，你最好和他们一起解决这个问题，有时这需要痛苦的讨论（谁在说这不是讨论是争吵）。你要让他们花钱谨慎，保证每一分钱都花得值，你要让他们在花钱的时候懂得珍惜。

————————

限制每月的零用钱总是一个好主意。

法则
104

知道如何选择慈善或公益事业

一旦你有了一些钱，你就会被向慈善机构捐款的请求淹没。我说的不是那些我们通过信箱收到的情感勒索——3便士可以为一个家庭提供救命食物，可以买到一片热带雨林，可以让世界上所有的盲人重见光明。你所要做的就是把那点钱连同你能负担得起的任何东西一起寄回去。哦，当你花掉那3便士的时候，你会感到内疚——不是!

我说的是大笔的慈善捐款，支持一个特定的事业，赞助一个特定的人。我一直对拯救企鹅、濒临灭绝的鱼类或受到威胁的信天翁持怀疑态度，这完全是主观的、个人的想法。你怎么知道哪种动物是你拯救的? 在动物园里，你至少可以去看看你自己救过的动物，但在野外，这要困难得多。

无论如何，这里有一些建议可以帮你选择一个适合你的慈善机构:

- 你要决定什么对你来说是重要的事情，比如地球、鲸鱼、小孩、穷人、癌症研究。
- 你要想好你想做什么，比如捐钱、参与其中、当顾问、筹集资金（我一直想为绿色和平组织驾驶一艘充气船，我只是觉得那些船太酷了）。
- 你要在网上查看你认为合适的慈善机构，看看你的理想是否与它们的一致。
- 你要仔细查看那些慈善机构本身，比如财务报表、账目、小册子、活动信息、会员资格、使命宣言。
- 你要相信自己的直觉。

就我个人而言，我拒绝任何直接找上门来的慈善机构。不是因为这让我生气，而是因为这是我淘汰自己不想支持的机构的方式之一。当涉及慈善捐赠时，我有自己的使命宣言，而不被这类机构接近就是我的宣言之一。我也喜欢那些直接提供帮助的慈善机构，而不是大量炮制类似于教村民捕鱼之类的假慈善机构。我也只支持那些小型慈善机构，因为我认为它们更需要支持。

我只会支持那些力所能及的小型慈善机构。我想，养活世界上的穷人是一个无底洞。我不是说这不是一个像样的目标，而是我觉得这个目标太遥远了。我要寻求的是能让我感同身受的为特定村庄提供淡水的项目，或者为市中心的小学生提供早餐的项目。

你要决定什么对你来说是重要的事情。

法则
105

花自己的钱，你会省着花

我们肯定都花自己的钱吧？不，不全是。随着我们越来越富有，让别人为我们花钱的需求也越来越强烈。相信我，把事情交给别人代劳会导致财富风险。我们很容易想到：因为我们很忙，而有人愿意代劳，所以，把东西交给别人是件好事。

我注意到，成功的富人不会把事情交给别人代劳，他们会一直关注细节。显然，当我们年纪太大，无法管理自己的事务时，他们可能会把事情交给别人代劳，但在那之前，他们不会放弃对任何东西的控制权。

可以举例说明吗？当然可以。我的一个朋友非常富有，他很乐意把自己的开销交给身边任何愿意为他代劳的人管理。他的园丁为他买了所有设备，包括割草机和链锯之类的。最高档的割草机？嗯，的确是最高档的。这个园丁开着割草机到处转，割草机就相当于园艺版的劳斯莱斯。我的朋友刚刚签了支票，园丁就一路笑着去了工具房。我的朋友每次想招待客人的时候，还会付钱请酒席承办人来安排用餐。他再次在支票上签了名，酒席承办人为他准备了全套晚餐。

可是，我听到有人说："那又怎样？他负担得起。"是的，他确实负担得起，但他现在的处境是：

- 反复被敲竹杠。
- 没有得到物有所值的东西。
- 逐渐失去对自己财务的控制。
- 失去了员工和服务公司的尊重，他们认为他有点像个笑话，真是钱多人傻。

在买新车这件事上，他也是一样。他只要给展示厅打个电话，他们就会把他想要的东西送来。问题是，他们经常把在展示厅里放得太久而无法更换的产品交付给客户。就说他买的那辆粉色宾利，再过一百万年也不会有人碰。我逗他说，展示厅怎么不设一个大型玻璃办公室呢，他们在里面坐等他的光临就好啦。

如果你想保持对自己财务和尊严的控制，就必须保持对自己支出的控制。不要买那辆粉色宾利，不要交出你的信用卡，不要授权任何人签署个人支票，不要使用私人导购。你要制定合适的预算，你要提交恰当的支出预案，你要检查小体印刷的细则。你要检查一切，质疑一切。你要未雨绸缪，还要保持控制权。如果你想听我的建议，那就是"永远不要开联名账户"，在这个时代已经没有必要这样做了。

———————

我注意到，成功的富人不会把事情交给别人代劳。

法则
106

先承担责任，再接受建议

这是上一条法则的延续。如果你打算接受建议，你需要提前回答这些问题：

- 你期望得到什么？
- 你为什么问这个问题？
- 你的确切情况如何？如果你不自知，他们怎么能给你建议呢？
- 你希望接下来发生什么？
- 你的顾问将在其中扮演什么角色？
- 如果他们的建议是错误的（或过时的，或有害的），你能采取什么行动？
- 你可能需要什么进一步的建议？

在你能做到这些之前，你需要先承担责任。

我们（至少我是这样，和我谈过的大多数人也是如此）都在某种程度上期待着自己最终会变得富有。这曾经（或现在）是一种假设的过程，在某种程度上是潜移默化的。随着年龄的增长和寿命的延长，理论上财富也随之增加。然后有一天你醒来，事情并不是那样的。我就经常遇到这样的情况，所以我拼命想改变局面，于是，我现在非常富有。[⊖]但这需要艰苦的工作和巨大的努力。现在你已经完成了，是时候检查一下了，是时候承担责任了，是时候盘点一下了。

你需要回答：

- 你目前的情况怎么样？
- 你是如何达到这种境地的？
- 你的经济价值和精神价值是什么？
- 你接下来有什么目标？
- 你期望如何实现目标？

回答了这些问题之后，你就可以听取与你的计划有关的建议了。建议不一定是付费的那种，不一定来自专家或西装革履的绅士，不一定是严肃而沉重的那种。是的，正如我在法则 059 中所说的，你应该为适当的财务建议付费。但也有一些非正式的建议，比如，关于如何花钱而不是投资的建议。有时候，建议可能来自不太可能的来源和不太可能的人。你要学会倾听，要学会领会别人没有说出口的话，也要学会快乐（天呐，这对我们来说都很重要）。

⊖ 我要向税收官读者们说一声："我没发财，我只是在开玩笑。或者，我发财了，但我已经交过税了。"

我们变得越富有，似乎就越容易把我们的事务（财务事务）交给我们认为最关心我们利益的人，或者我们认为我们了解其所作所为的人，或者是那些掌握最新发展和法律的人。我观察的结果是：①他们不是那样的人；②精明的富人不会把任何事情交给顾问去打理，除非他们真的对自己的顾问有信心，这就是我的建议。

———————

有时候，建议可能来自不太可能的
来源和不太可能的人。

法则
107

不要炫富

财富是美好的。致富是一件值得做且令人愉快的事情。但是，买那辆粉色宾利就像购买很多其他供你炫耀和显得你财大气粗的东西一样，真是俗气！你要学习如何想方设法处理好财富，一定要处理好。

前几天我读了一个很棒的故事，讲的是一个年轻人住进了一个百万富翁的豪宅里（我猜他是富豪的亲戚）。他上床睡觉时不关灯。那个百万富翁把头探到门口，对他说这是在浪费钱，他应该把灯关掉。那个百万富翁甚至说要罚他 1 美元。他扔了一枚 1 美元的硬币，又把灯关掉了。这个孩子永远不会忘记这件事，直到今天，他睡觉或离开房间时仍然会关灯。但他依然不知道为什么这种逆反心理学方法会奏效。正如他所说的，省去 1 美元的罚款就是获得一笔横财（这是在 1953 年，当时 1 美元已经很多了）。

你要节俭，别炫耀。既然你现在加入了"专属俱乐部"，请你遵守一些法则：

- 不要豪华车。

- 不要带有城堡、牧场或牧场风格的房子。

- 不要珠光宝气的。

- 不要浮华或炫耀。

- 不要冲动消费。

- 不要饲养野生动物作为宠物。

- 不要购买岛屿。

- 不要买私人飞机。

- 不要让你所有的亲戚飞往外国参加派对。

- 不要让你的亲戚飞到国外参加那场抬高你身价的最新婚礼。

- 不要买巨大的钻石或任何种类的大珠宝，这只会吸引强盗和小偷。

你要做一个谨慎的、有品位的、优雅的、有教养的、认为"少即是多，多即是俗"的、不张扬的有钱人。你要做一个人人敬仰的人。你要鼓励他人，不要奚落他人（我担心他们会嘲笑你穿的豹皮裤，但并不是说你真的穿了豹皮裤）。你要给年轻人、易受影响的人、不太富裕的人树立良好的榜样。

我们都见过那些一夜暴富的人，他们炫耀自己有很多钱，我们都觉得"天呐，真俗气"。我知道我们不应该对别人评头论足，但我发现我真的挺尴尬……不，我不能吹毛求疵，万一你有一条豹皮裤呢。

炫耀会招来别人的羡慕、嫉妒（因为自己不能拥有而遗憾，不同于想要得到属于别人的东西的那种嫉妒心理）、批评、势利、谴责、责难，而这一切都是理所当然的。相反，保持谨慎会赢得尊重、钦佩和效仿。永远不要提你有多少钱、你值多少钱或你挣多少钱。永远不要！如果你告诉别人，一半人会因为你没有拥有更多而鄙视你，另一半会因为你拥有太多而怨恨你。只把这些信息透露给你的银行经理，即使这样，也应该是他们逼问的结果。

永远不要提你有多少钱、

你值多少钱或你挣多少钱。

法则
108

掀开底牌，开启与魔鬼的契约

读到这里，我想，这些法则可以让我们变得开心。创造财富对每个人来说都是一种不同的冒险。我们可以为财富而努力，赢得彩票或扑克游戏（请注意，要赌就赌大的），继承财富，获得奖金（比如，诺贝尔文学奖得主确实可以得到近100万美元[⊖]），等等。这么多钱呀，我倒吸了口气。谁快把我的大名也报上去吧！或者，邓普顿奖得主也可以，得奖者可以获得110万美元[⊖]。或者，在街上找钱怎么样，网上有很多在街上找到大量现金的例子。或者，嫁入豪门或娶个富婆，等等。你可以将能想到的办法都试一遍。当然，如果你真的走投无路，还有一个与魔鬼的古老契约，但要小心陷阱条款。

⊖ 相当于1000万瑞典克朗，实际价值随货币汇率的波动而变化，也随诺贝尔基金会的收入而变化。

⊖ 每年由一个国际性的、多元化信仰的评审小组颁发给任何宗教传统的在世人士，这些人对精神现实的研究或发现做出了独特的贡献。邓普顿奖的价值在于它的情怀超越了诺贝尔奖，强调了精神问题的重要性。

你要学会自我肯定。你写下你想要的财富，并把许愿卡钉在墙上，以便你每天都可以看到，然后将它大声念出来，念几百次。也许这个方法有用。

你还可以"向上天索取"。你对天发誓，说宇宙银行欠你钱，让它立即偿还。这种"银行"也许有入口，而且其中一定隐藏着某个陷阱。

你还可以寻宝。你可以跟着某个线索或某种指引走，找到埋藏宝藏的地方。

我想，你还可以买一匹赛马，但我觉得这太冒险了。储藏美酒是好的选择吗？当然，但我会无法抵抗诱惑。

我不是在嘲笑上面的致富方法。无论你打算如何获得财富，你都应该坚持下去，相信自己，遵循制订好的计划，为它付出百分之百的努力，而不是听别人的（包括我）。祝你好运！

还有一个与魔鬼的古老契约，但要小心陷阱条款。

第六章

附加法则：对待他人的财富

　　你真的快读完这本书了。我认为，可以肯定的是，钱是你想要拥有更多的东西。一切都没问题，但是时候提醒一下了：如果钱对你很重要，你对别人的钱的态度会在很大程度上影响你对自己生活的整体满意度，尤其是当他们选择用钱来做一些直接影响你的事情的时候。无论是你孩子的钱、你父母的钱还是你朋友的钱，你都需要让自己不受别人的影响，从而避免太多的心痛、不安甚至伤害。

　　因此，下面的法则旨在帮助你在积累自己财富的同时，处理好对待他人财富的态度。当你看着别人用他们所拥有的和你所觊觎的钱犯愚蠢的错误（或者至少是你认为愚蠢的错误）时，你不想被嫉妒、沮丧、压力、愤怒和痛苦的情绪所折磨。

　　你希望能够将自己的财富与周围人的财富分开，这样你就不会把他们的财务决定当作你个人的决定，或者被他们如何花钱的话题所困扰。然后，当涉及你自己的财富时，你可以简单地决定做正确的事情，而其他人的决定将与你无关。说起来容易做起来难，但我希望下面的法则能对你有所帮助。

法则
001

不要妄下结论

有一次，我和我的一个朋友被他富有的朋友邀请去参加一场派对，从我们拐下马路的那一刻起，甚至在看到豪宅之前，你就可以看到他有多富有了。事实上，他既有钱又有爵位，就像个小贵族，还很花哨。我承认，我内心深处的仇富小人命令我不要太喜欢他。与世隔绝、傲慢自大、享有特权——哦，是的，在我们真正见面之前，我就对他有了偏见。

当然，当我被朋友介绍给他时，我发现他竟然是个可爱的家伙。想不到吧，真是大大的惊喜。他接地气、有同情心，还很有趣，是个很棒的倾听者。我知道这都是陈词滥调，但依然会轻易落入以貌取人的陷阱。我是那种墨守成规的人，而他只是在做他自己。

那个人出生在有钱有势的家庭。我们大多数人对那些出身普通且后来才有钱的人的看法略有不同。对他们有很多称呼，所有这些称呼都带有轻微的贬义：白手起家、暴发户、新贵。同样，我们甚至在认识这些人之前就对他们做出了判断。这里也有很多陈词滥调：花钱不理智，没有品位，自我陶醉。再说一次，这些人中的绝大多数根本不符合这个描述。

如果我们因为别人的钱（挣来的、继承的或以其他方式获得的）而对他们妄下结论，那么，我们就应该受到严厉的评判。我们的行为在预料之中。许多有钱人把大笔的钱捐给慈善事业，但并不是所有人都会大声宣扬，所以你可能对此都不知道。他们中的许多人是完全脚踏实地的人，真真切切地理解其他人的真实生活。他们中的大多数人对自己的财富很明智，就像我们所希望的那样。

我不认为我遇到的每个没钱或钱少的人都一定是好人，那么，我为什么要认为有钱的人就一定是坏人呢？如果缺钱对人的基本本性没有影响，为什么有钱了就会改变他们呢？当然，金钱会让一些人变得更糟，但名声、孩子或地位也会让人变得更糟。大多数人都只是他们自己，不管他们碰巧拥有很多还是什么都没有，只要做自己就好。所以，我们要看看他们的真实样子，而不是他们拥有的财富。

如果我们因为别人的钱（挣来的、继承的或以其他方式获得的）而对他们妄下结论，那么，我们就应该受到严厉的评判。

法则
002

不要嫉妒富有的人

　　看到公众眼中的富人，你会忍不住渴望自己也拥有他们所拥有的。请注意，你不一定知道他们还有什么与钱相伴——他们可能有各种各样你不想要的个人问题或隐藏的焦虑，更不用说金钱的直接影响，比如，被狗仔队无休止地追逐，或者被迫在三套房子里来回住，我一直认为这一定很可怕。[⊖]

　　是的，这些真让人难受。但是，当拥有所有财富的人不是遥远的名人，而是你最好的朋友、你的邻居、你的同事、你的姐妹……那就更难自处了。事实上，他们离得越近，你就越难受。如果隔壁的夫妇似乎不怎么工作，但每年有三次海外度假，而你整天工作，却无法在最贫困的景区斯凯格内斯海滨享受一周的安逸，那就很难忍受了。

　　⊖　"我最喜欢的袜子在哪里？""有人看到我的眼镜了吗？我清楚地记得在巴黎时买的……""我必须去遛狗。请稍等一下，狗在哪儿呢？话说，你记得把孩子们带来了吗？"

我认识一个人，她很爱她最好的闺蜜，但她切断了与闺蜜的所有联系，因为闺蜜多年来慢慢变得富有，而她自己的财富却在减少，她无法应对自己的嫉妒。这会让人非常悲伤。最终，她并没有变得更富有，现在，她也放弃了她最好的闺蜜。但故事还没有结束。后来，那位闺蜜遭受了一场可怕的个人悲剧，而善良的她很乐意拿出自己所有的钱来帮闺蜜渡劫，这才是故事的重点。

你看，如果你没有钱，你会认为钱能搞定一切。你懂的！"如果我有六位数的年收入，一切都会很完美。"但事实并非如此，你应该明白。这意味着，当你忙着羡慕有钱人的财富时，他们也忙着羡慕别人（甚至是你）的婚姻、健康、运动成就或高回报的工作。听着，不管我们是穷是富，我们都能在别人身上找到值得羡慕的地方。或者，我们可以对我们所拥有的一切心存感激，并以此为基础，而不是觊觎别人已经拥有的东西。

————

当你忙着羡慕有钱人的财富时，
他们也忙着羡慕别人（甚至是你）
的婚姻、健康、运动成就或高回报的工作。

法则
003

别人的钱属于他们自己

当你在日报上读到一些名人花了一大笔钱买了一座又一座豪宅，或者把部分财富投资于一个令人兴奋的新项目，或者向慈善机构捐赠了数百万美元时，你很有可能会认为这取决于他们自己是否想要犯傻（或慷慨，或冒险）。你耸耸肩，继续读下一个故事，或者翻到财经页面，寻找一些让你致富的点子。

但如果报纸上说的是你的父母，或者是你的朋友、兄弟姐妹、同事、邻居，你就不淡定了，是吧？假设你的兄弟决定花光他所有的积蓄买一个度假屋，或者你最好的朋友想把他所有的钱都投到一个你认为会失败的商业点子中，或者你的父母想给一个对他们来说很特别的慈善机构捐一大笔钱，或者你的同事想花几千美元做一个你认为他们根本不需要的整容手术，你还打算耸耸肩并翻过这一页吗？

首先，你需要记住一条重要的法则："不要随便献计献策，除非有人征求你的意见。"这已经够困难的了。毕竟，你可能真的担心这些人正在犯下可怕的错误。但是，你知道自己可能错了。也许如果你的兄弟从不使用他的度假屋，那么，他还能卖掉屋子赚一笔。也许你的同事会从整容手术中获得巨大的信心，即使你不明白为什么。也许，你持保留意见并不是因为他们做了糟糕的财务决定。也许，你只是认为这些与钱有关的事情是不负责任的。

实际上，原因是无关紧要的，你怎么想并不重要。人们可以不负责任地花他们自己的钱，只要他们愿意就好。这是他们自己的钱。也许你不赞成他们的某些选择，但他们不想听你唠叨，因为这不关你的事。你可能会认为他们挥霍钱财，而他们可能会认为你是一个吝啬鬼，不知道如何享受你所拥有的，因为你太忙着赚钱了，但他们没有这么说（我希望他们不要这么说）。

这里有两件事需要提醒一下。第一件事，我希望也是最简单的一件事，就是保持沉默，除非有人向你征求意见。如果有人问你，你可以说出你的想法，但不要误以为你有权利给别人施加压力，让他接受你的建议。他们可能会倾听，然后无视，这是他们的特权。

第二件事就是如何对待你私下里的真实想法。仅仅保持沉默是不够的。你还需要明白，别人怎么花他们的钱与你无关。你可能会想"好吧，我是不会那么干的"，这很好。但不要评判，也不要感情用事。为什么？部分原因是，你不想让别人评判你；部分原因是，你越早停止为与你无关的事情烦恼，你就能越早地专注于自己的生活。这样才好啊！

———

人们可以不负责任地花他们自己的钱，
只要他们愿意就好。

法则
004

如果父母愿意，他们可以将财富全部捐出

根据上一条法则，其他人不仅可以不负责任地花他们自己的钱，如果他们乐意的话，还可以挥霍很多钱。他们可以把钱送人，用钱赌博，花钱买糖果。特别指出，这里的"他们"包括你的父母。

什么？你父母的钱不就是你的钱吗？你的父母可以把给你的遗产给别人吗？哦，事实上，那不是你的钱，因为在他们去世之前，这都不是给你的遗产。如果他们还活着，有能力花钱，那就不是给你的遗产了。这是他们的钱，就像你的钱就是你自己的一样。

我知道你很难接受这一点。尤其是，当你陷入财务黑洞，而你能看到的唯一出路就是你希望在父母去世时从他们那里得到钱。当别人的父母为了把钱传给下一代而精打细算时，如果你的父母选择把他们的钱都花光，那就更加令人沮丧了。

这就是为什么你必须理解、领会、相信你的内心，而不仅仅

是你的头脑，因为你的父母有权花掉这些钱。否则，在你眼看着你的父母挥霍钱财，甚至全部捐给慈善事业时，这可能会恶化你们之间的亲子关系，让你愤怒不已。

但是，你想要那笔钱，并不代表它就是你的钱。为什么他们要停止享乐，只是为了给你攒钱？尤其是，如果他们退休后你还能挣钱的话，对吧？你认为在什么年龄，你的钱应该不再是你自己的，而变成你孩子的了呢？你认为什么时候你应该停止做任何好玩或有趣但花钱的事情，以便守住钱财并留给某人呢？如果你不指望这条法则在适当的时候适用于你，你当然也不能把它应用于你的父母。一旦他们走了，再多的钱也救不回来。

所以，趁他们还有机会花钱，让他们尽情享受吧！尤其是，如果你的父母在情感上给你添乱，他们告诉你他们要把一切都留给你，然后改变主意，花掉这些钱……尽管他们告诉你，那是你的钱，你也不要听他们的。这些都是他们的钱，只属于他们的钱，直到他们死去的那一天。如果在那之后，你发现还有东西留给你，那就心存感激吧！

他们可以把钱送人，用钱赌博，
花钱买糖果。

法则
005

如果你的父母不平分遗产

如果你能掌握上一条法则的精髓，那么本条法则执行起来可能会更容易一些。父母去世后没有将钱平均分配给子女或孙辈，这是很常见的事情。当这种情况发生时，他们也不会给你一个解释。所以，你可能会认为你的父母从来没有像爱彼此双方、爱你的兄弟姐妹或类似的亲人那样爱你。

听着，有很多原因可以解释为什么父母会平等地爱他们的孩子，但不会平等地分配财产。在他们眼中，最常见的可能是：

- 其中一个孩子更需要钱。
- 其中一个孩子已经得到了更多。
- 其中一个孩子为他们做了更多。

当然，可能还有其他原因。但问题是，父母通常不会事先讨论这些事情。也许他们不想挑起家庭纠纷，或者他们担心自己会在压力下改变遗嘱。不管出于什么原因，你可能都没有机会询问到底发生了什么。

要处理这个问题，你首先要执行上一条法则。你必须完全接受一个事实，即这是父母的钱，他们可以随心所欲地花，想干什么就干什么。然后，你要意识到，他们的想法可能和你不一样。那么，他们是怎么想的呢？他们的理由是什么？除非你来自一个非常不正常的家庭（稍后我会讲到这一点），否则，他们的答案几乎总是正确的、合乎逻辑的。

现在你必须找到父母的逻辑，让你的头脑使用他们的思维方式，这样你就能理解他们为什么这样做，而不必纠结于他们爱不爱你。也许他们目光短浅，没有看到你的感受，但他们并没有孤立地考虑你的情况，而是试图在所有的孩子之间找到一种公平的平衡。这显然在经济上对你不利，但坦率地说，这种事情的情感后果可能比经济困难要糟糕得多。毕竟，你并没有真正失去这些钱，你只是没有得到这些钱，你的内心深处可能非常清楚，你不应该让自己依赖这些钱。

重要的是，你不要怨恨你的父母，而是要珍惜对他们的记忆。怨天尤人也没用。这可能需要时间，你可能需要和其他人谈谈来帮你越过心中的那道坎。即使你不同意父母的想法，也要对他们的动机予以理解。你要从你父母的角度而不是你自己的角度来看待你的兄弟姐妹。假以时日，你会发现你可以毫无怨恨地接受父母的决定。

————————

有很多原因可以解释为什么父母会平等地
爱他们的孩子，但不会平等地分配财产。

法则
006

如果你的父母平分遗产

嗯，与上一条法则相比，本条法则讲的是相反的情况，这种情况也经常发生。多年来，你一直在为钱挣扎，要养家糊口，而你的妹妹有一份高薪工作，且没有孩子。你的父母会怎么做呢？他们平均分配了他们的钱财，即使你的妹妹几乎不需要她的那份钱，而你的那份钱仍然不能解决财务状况相当不稳定的窘境。

或者，还有一种情况：你的父母多年来身体不舒服，你放弃了周末甚至休假来照顾他们，带他们去医院，为他们修剪草坪，帮助他们购物、打扫卫生、记账，等等。与此同时，你的兄弟住在地球的另一端，好几年才回来一次，可能偶尔会打电话（次数太少了）。在这一切之后，当第二个双亲最终去世时，你会发现他们把财产一分为二。是的，你的兄弟和你分的钱一样多。

毕竟你做了这么多，他们怎么可以这样呢？但你这么做并不是为了得到回报，对吧？你这么做是因为你爱他们，你想这么做。我知道，你遵守财富法则。如果你是那种只为了最后的回报而这么做的人，我不确定你是否配得上"财富法则玩家"的称号。

这是你必须明白的道理。对许多人来说，他们在遗嘱中分配家产的方式与财产本身没多大关系。重要的是遗嘱的象征意义。他们的遗嘱是他们向孩子们展示自己对他们有多重要的最后机会。如果他们都爱所有的孩子，他们觉得他们必须平均分配遗产。他们担心我们在上一条法则中看到的场景出现。这是我们在下一条法则中要讲的事情。⊖

如果你的父母依然爱你，他们别无选择，只能在分割财产的方式上表现出来。

此外，你必须记住，你的父母不会从兄弟姐妹的角度看待你的兄弟姐妹。他们是慈爱的、宽容的至亲长辈。也许，在他们看来，是你选择放弃事业、组建家庭，而你的妹妹选择放弃生养、专注事业。或者，在另一个例子中，他们接受了你的兄弟移居国外的决定，这是他想让他的家人过上更好的生活，不管他们多么想念他，他们把你们两个都培养成有自由意志的人，你们可以做出自己的选择，他们不会因此惩罚你们中的任何一个。

最重要的是，你不要因为你父母的选择而怨恨你的兄弟姐妹。仔细想想，你就会发现因为父母的选择而怨恨兄弟姐妹是多么不合逻辑。不仅不合逻辑，而且会造成严重的分裂。这当然不是你的父母想要的结果，他们想要的是孩子们可以平均分割遗产。

————————

他们在遗嘱中分配家产的方式与
财产本身没多大关系。

————————

⊖ 哦，不要跳到下一条，先耐心读完这一条吧！

法则
007

血缘重于金钱

我说过，我会提到一些非常不正常的家庭。可悲的是，一些父母并不关心他们死后留下的情感问题，甚至可能设计他们的遗嘱来制造伤害或纠纷。如果这适用于你，你就会知道，因为在他们最终离开之前，他们已经这样做了很多年。他们很可能向你和你的兄弟姐妹承诺了同样的事情，或者试图用威胁来操纵你，告诉你在他们的遗嘱中你能得到什么或不能得到什么。

至少，如果是这样的话，你可能本来就没有什么期望，或者你可能曾经有过希望，但最终却破灭了。请注意，还有很多其他不那么明显异常的父母，他们在决定把一切留给谁的问题上做出了破坏性的决定。

我曾经认识一个男人，他的父亲对他剃光头很生气（我也觉得光头看上去很怪异，但那是他的父亲，应该包容自己的儿子）。事实上，他是如此愤怒，以至于一怒之下把儿子从遗嘱中除名了。然后，这位父亲意外去世了，还没来得及冷静下来重新思考。

我的一个朋友有五个兄弟姐妹，他们来自一个非常传统的家庭。他的母亲先去世了，他的父亲去世后，把一切都留给了我的朋友。为什么？因为这位朋友是家中的长子，在他父亲看来，长子应该继承一切。如今，这种文化习俗依旧存在，但在大约 30 年前的伦敦，这肯定不是常态。

显然，这里的部分问题是你最终没有继承你希望继承的东西。但这并不是最大的问题。真正的问题是，当你的兄弟姐妹中的某个人认为有人在损人利己时，你和兄弟姐妹的关系会发生变化。

我们在上一条法则中提到了这一点。你首先要明白的是，你的兄弟姐妹并不比你要求的更多。如果你父母的遗嘱（或者实际上是你祖父母的遗嘱，或者任何其他让家庭中某些人受益更多的遗嘱）在家庭中造成不好的感觉，那么你们都是受害者。不管你的父母是有意为之，还是尚未厘清头绪，你们每个人都处于一个困难的境地。表现最好的兄弟姐妹通常会感到内疚和不安，并在压力下放弃父母明确希望他们拥有的钱。失去这笔钱的兄弟姐妹可能会觉得他们是唯一的输家，但事实并非如此。

当然，情况很少是一成不变的。拥有最大份额遗产的兄弟姐妹可能会觉得他们更需要遗产，或者更应该得到遗产，或者到目前为止拥有的遗产太少了。你可能不同意，但关键是这通常是一个观点问题。显然，不管出于什么原因，你的父母认为你和你的兄弟姐妹中应该有一个拥有最大份额的遗产。

如果你以前和兄弟姐妹的关系还算不错，那么挽救这种关系远比分得很多钱更重要，而且可能更有价值。我们大多数人迟早会遇到困难，在很多情况下，钱帮不了一点忙，但家人的支持对你来说是无价的。请记住这一点。

———————

真正的问题是，当你的兄弟姐妹中的某个人认为有人在损人利己时，你和兄弟姐妹的关系会发生变化。

法则
008

你的孩子不欠你什么

现在，不要再提你父母的钱了。那么，你孩子的钱呢？假设你一生都在奋斗，你的孩子们也做得很好。事实上，你奋斗的原因是你一直在支持你的孩子们，而他们的成功很大程度上是因为你做出了牺牲，给了他们最好的开始。

现在他们可以让你的生活更轻松一些。这个要求并不过分，对吧？在你为他们做了那么多之后，他们可能会给你一点钱，或者帮你付账单，或者请你度过一个愉快的假期。

我希望你差不多知道我要说什么了。不！我再说一遍，绝对不要提回报！既然说到这里，我要提醒一下：不要暗示孩子应该给你一些钱。回想这些年来，是你的选择（或者可能是你的粗心）把他们带到这个世界上，他们从来没有签署过任何"回报契约"。你想给他们一个良好的开端，创造一个家庭作为后盾，确保他们的童年舒适，这些都是你的选择。

我当然不是说他们是你的败笔。相反，我祝贺你给了你的孩子自信和动力，让他们自己做得很好。你想要的回报是看到你心爱的孩子如此成功。当你不断地亲吻他们擦伤的膝盖，或者帮他们做作业，或者听他们哭诉友谊破裂，或者为他们做饭，或者给他们料理杂事时，我相信，你不会在心里盘算着这一切的价值；当他们长大到可以谋生时，你不会想从他们那里得到什么。

听着，事情就是这样的。这些都是你的父母为你做的，你不欠他们什么。以后，你又为你的孩子做了你的父母曾经为你做的一切。

父母这样做是为了他们的孩子，这就是代代相传的故事。我们都得到，我们都付出。我们没有还给父母，但我们传给了孩子。孩子的钱是他们自己的，如果你树立了一个好榜样，那么在他们选择要孩子时，他们就会知道如何把钱传给孩子，这就是孩子给你的回报。

当然，如果你在给孩子灌输最好的价值观方面做得很好，再加上一点运气，他们可能会给你尽可能多的经济支持，甚至更多。就像我希望你能尽你所能赡养自己的父母一样。不过，根据我的观察，有一件事我可以告诉你：你要求的越多，你得到的就越少，你的孩子越会怨恨你（这里包括情感勒索和直接要求）。然而，如果你不提要求，他们给你的任何东西都是带着爱的，心甘情愿地给予你的。

———————

绝对不要提回报！

法则
009

不要害怕谈钱

谈钱往往是件很棘手的事情。我不知道为什么会这样，但这是事实，至少在大多数文化背景中是这样的。荒谬的是，我们发现即使和最亲近的人谈钱，也很困难。如今，大多数时候，谈钱真的没关系。我们都学会了在不进行令人尴尬的、不适的、不安的对话的情况下找到方法来获取我们所需要的大部分东西。

这很好，但是，当谈钱会引起困扰时，你要及时意识到。尤其要考虑到你年迈的父母。如果他们对金钱有任何担忧，你需要有能力支持他们。如果他们和你都觉得不宜提及这个话题，你就不能提到钱。

试想一下，一旦他们不再赚钱，他们就不知道自己的钱还能维持多久。说白了，他们不知道自己还能活多久。所以，他们必须小心地管理他们的钱。这包括决定是否以及何时卖掉他们拥有的房子，是否去养老院以及他们能负担得起什么，何时开始领取他们可能拥有的个人养老金，等等。

他们有钱去度假吗？他们真的负担得起下个冬天的供暖费吗？这些决定真的很难，因为他们搞不到他们需要的所有信息，比如，他们需要多长时间才能赚钱，所以他们不可能做出明确的选择。他们大多靠猜测。想一想，那该有多令人担忧啊！

你可以提供帮助，但前提是你知道发生了什么。无论你能提供的帮助是金钱还是建议，还是保证你永远不会让他们流落街头，你都是他们最好的后援团。他们可能不了解所有的财务选择，他们可能并不擅长这些，他们甚至可能有点困惑。

我有一个朋友，她的父亲来自战前那代人，这意味着你要回避那些私人话题，比如感情、宗教、担忧、金钱。她的父亲是一个聪明的人，但由于环境的原因，被迫提前离开学校，从未发挥他的智力潜能。相反，他做了一连串低薪的工作，还有一段时间的失业困境。他终其一生都在为钱担忧，大家都知道，他"总是小心翼翼"。他和他的妻子很少买奢侈品，对几乎所有的东西都精打细算。当他在相当大的年纪去世时，我的朋友惊讶地发现，他多年来一直把大部分收入存起来了。我的朋友不禁想到，如果她的父亲在收入很低的时候能够攒到这么多钱，那么她的父母的生活将会轻松得多。

难道不值得冒险进行一场棘手的对话，与父母一起审查他们的财务状况，并鼓励他们多享受自己辛苦挣来的钱吗？事实上，这只是一个一提就烦的话题。最坏的情况就是他们说"不用了，谢谢，我们很好"，在这种情况下，你要接受事实，罢手去做别的事。很有可能，他们会感激你的关心，一旦你们开始谈论钱，事情就会好起来，他们可能会因为能够和你谈钱而深感宽慰。所以，当时机到来时，不要犹豫，只管去谈钱。

———————

你可以提供帮助，但前提是你知道发生了什么。

法则
010

如果有人给你钱，这笔钱就是你的

我想，我们现在已经基本确定的是，别人的钱完全属于他们自己，他们想怎么花就怎么花。因此，你想怎么花你的钱都可以。

但你的钱是从哪里来的？这有区别吗？不应该呀，但对某些人来说，确实有区别。如果你是通过自己的努力挣来的，那么，你可能会对如何利用这些钱做出自己的决定感到相当自在。但如果是别人送给你的呢？

我知道，有些人把自己搞得心神不宁，纠结于是否可以用家人或朋友给他们的钱去做这个或做那个，或者甚至不知道怎么使用他们从离世者那里继承来的钱财。

让我们把话说清楚。如果有人给你钱，这笔钱不仅在法律上属于你，而且在道德上、情感上、心理上也属于你。这就是一份礼物。如果有人送你一份生日礼物，比如一幅画，你是否觉得有必要考虑一下让他决定你应该把这画挂在哪面墙上？如果他给你一瓶香水或须后水，你会在使用前跟他确认一下吗？不，当然没这个必要。钱也是一样。

如果你的钱是别人借给你的，或者是为了特定的目的而给你的，那就是另一回事了。如果你的父母说"我们想给你一些钱去度假"，你要么用这钱去度假，要么你会和他们讨论是否可以用这钱去做其他事情。如果你的朋友借钱给你创业，你是不会出去买一辆跑车的。如果金钱是别人免费赠送给你的礼物，那么这就是属于你的钱。

有些非常不守法则的父母（不包括你）给他们的孩子钱作为一种控制手段。他们把钱当作礼物送给孩子，然后却说："如果我早知道你会把我的钱浪费在这上面……"或者"你就是这么化我的钱的吗？"他们认为，钱来自他们，他们就有权监督孩子如何使用这笔钱。嗯，如果他们给孩子钱的时候没有附加条件的话，他们就不会说这种话。所以，不要让他们对你进行道德绑架。你可以选择是否要钱，搞清楚他们会说什么，以及你的选择是否会影响未来的礼物。但这是一个务实的决定，无须愧疚。

所以，不管别人的钱是怎么变成你的钱的（只要合法），一旦这笔钱到了你的手中（或你的钱包中，或你的银行账户中），那就是你的钱，你想怎么花就怎么花。要么花掉，要么存起来，但无论如何，你都要享受这份礼物。

如果有人给你钱，这笔钱不仅在法律上属于你，
而且在道德上、情感上、心理上也属于你。

第七章

其他不可错过的人生智慧

嗨，我要谈的不仅仅是金钱，你懂的。如果你很聪明，你会想要学习那些成功人士在生活、金钱、工作、爱情、孩子、人际、思维、健康方面的行为方式。幸运的是，我已经为你做了艰苦的工作——通过多年的观察、提炼、筛选和总结，把真正有意义的东西变成了方便的小法则。

我一直希望不要把这些基本法则延伸得太远，但根据读者的巨大需求，我已经解决了那些影响我们的重大领域。因此，在接下来的几页中，我会从我的其他法则书中挑出几条法则，让大家先睹为快。

你会变老，但未必变聪明

有一种观点认为，随着年龄的增长，我们会变得更聪明，恐怕事实并非如此。正常情况是，我们仍然像以前那样愚蠢，仍然犯很多错误，还创造了不同的新错误。我们确实从经验中学到了教训，也许不会再犯同样的错误，但错误就像泡菜罐，总是有一个全新的错误正等着我们绊倒并掉进去。你要学会接受这一点，当你犯下新的错误时，不要自责。换句话说，这条法则其实就是：当你把事情搞砸时，要善待自己。请原谅自己，接受这一切都是成长的一部分，而循规蹈矩并不会让你更明智。

回首往事，我们总能看到自己犯过的老错误，却看不见眼前正在步步逼近的新错误。说你明智，并不是说你不犯错，而是懂得在事后全身而退，让自己的尊严和理智完好无损。

年轻的时候，我们总是认为衰老似乎是发生在老年人身上的事情，但它确实发生在了我们所有人的身上，我们别无选择，只能顺其自然，接受自己慢慢变老的事实。无论我们做什么，无论我们是谁，我们都会变老。随着年龄的增长，这种衰老过程似乎会加速。

你可以这样看——年龄越大，你犯错误的种类就越多。我们总会在一些新领域把事情处理得很糟糕，常常反应过度，还会出错。我们越灵活，越有冒险精神，越拥抱生活，就会有更多的新途径等着我们去探索，当然我们也会一路上错误不断。

只要我们回顾过去，找出错误所在，下定决心不再重蹈覆辙，我们就没有什么可遗憾的了。记住，任何适用于你的法则也适用于你周围的其他人。他们也都在变老，也不是特别聪明。一旦你接受了这一点，你就会对自己和他人更加宽容和友善。

最后，是的，随着年龄的增长，时间会治愈一切，事情会变得更好。毕竟，你犯的错误越多，你再犯新错误的可能性就越小。最好的事情是，如果你在年轻时就改正了很多错误，日后需要艰难学习的东西就会少一些。这就是青春的意义，你有机会犯各种各样的错误，然后改正错误就好。

说你明智，并不是说你不犯错，而是懂得在事后全身而退，让自己的尊严和理智完好无损。

让你的员工投入感情

你管理人——拿钱干活的人。但如果这对他们来说"只是一份工作",你永远无法让他们做到最好。如果他们来上班就是打卡下班,在这期间尽量少做些事情,那你注定要失败。另外,如果他们来工作是为了在自我享受的同时寻求扩展、挑战、激励和参与,那你就有很大的机会让他们找到最好的状态。问题是,从个人苦力到超级团队的飞跃完全取决于你。你必须鼓舞他们、领导他们、激励他们、挑战他们,让他们投入感情。

没关系。你喜欢挑战自己,不是吗?好消息是,让团队在情感上投入是很容易的。你所要做的就是让他们关心自己在做什么。这也很容易。你必须让他们看到他们所做的事情的相关性——他们的所作所为如何对人们的生活产生影响,他们如何满足其他人的需求,他们如何通过在工作中所做的事情来接触和触动他人。你要让他们相信(当然也合乎事实)他们所做的事情会带来改变,以某种方式对社会做出贡献,而不仅仅是让所有者或股东中饱私囊,或者确保首席执行官获得巨额薪酬。

是的，我知道，管理护士比管理广告销售团队更容易展示他们的贡献，但如果你仔细想想，你就会发现任何角色的独特价值，并给那些从事任何工作的人灌输自豪感。要我证明一下？好的。那些出售广告位的公司正在帮助其他公司进入它们所在的市场，其中一些公司可能非常小。这些出售广告位的公司提醒潜在的客户，他们一直想要的东西可能真的是必需品。这些公司维持着报纸或杂志的运转以及雇员的薪资（依赖于广告销售收入），杂志或报纸向购买者传递信息或给他们带来快乐，否则他们就不会买了，不是吗？

　　让人们投入关怀是很容易的事。看，这是理所当然的。每个人从内心深处都希望得到重视，成为有用的人。愤世嫉俗者会说这是无稽之谈，但这是事实，内心深处的事实。你所要做的就是深入到足够深的地方，你会发现关怀、感谢、关心和责任。把这些东西激发出来，你的队员就会永远跟着你，甚至不知道为什么。

　　哦，你在尝试着灌输给你的团队之前，确保你已经说服了自己。你相信你所做的事情会带来积极的影响吗？如果你不确定，那就往下走，往深处走，找到一种关怀的方式。

你要让他们相信（当然也合乎事实）
他们所做的事情会带来改变。

让你的工作受到关注

在繁忙喧嚣的办公室生活中，你的工作很容易被人忽视。你整天埋头苦干，反而忘记了你需要付出一些努力来提升你的个人地位和个人荣誉。这些很重要。你必须留下自己的印记，这样你才能脱颖而出，你的晋升潜力才能实现。

最好的办法就是跳出常规的工作流程。如果你每天都要处理很多琐事，那么其他人也是如此，而处理更多琐事不会对你有多大好处。但如果你向上司提交一份关于每个人如何处理琐事的报告，那么你就会引起关注。主动汇报是让你脱颖而出的好办法。这表明你在独立思考，并发挥你的主动性。但是，这招也不能太频繁地使用。如果你让你的上司收到一连串不请自来的报告，你会被注意到，但你出风头的方式完全错误。你必须遵守某些小法则：

- 偶尔提交一份报告。
- 确保你的报告有效，它会带来好处或利益。
- 确保你的名字出现在醒目位置。
- 确保这份报告不仅会被你的上司看到，也会被你上司的上司看到。

- 记住，它不一定是一份报告，也可以是公司通讯中的一篇文章。

当然，让你的工作受到关注的最好方法是非常擅长你的工作。做好本职工作的最好方法就是全身心地投入到工作中去，忽略其他的一切。现实中有大量的权术、八卦、花招、延误和应酬都是以工作的名义进行的。这不是工作。保持专注，你就会比你的同事拥有巨大的优势。工作法则玩家要保持专注。请把你的注意力集中在手头的任务上，要非常擅长你的工作才行，千万不要分心。

主动汇报是让你脱颖而出的好办法。